山本宣治（やません）に学ぶ「科学・共同・ジェンダー」

市民と野党の共同の原点がここにある

本庄 豊

日本機関紙出版センター

推薦のことば

私が山本宣治先生に深く共鳴したのは、実は、安倍一強の政治情勢が大きかったのです。人間は、置かれた時代や状況の中で、最も大切なことに気づくことがあるのではないでしょうか。

安倍一強の中で、政治家も経済界も国民の多くも、寄らば大樹の時勢になびいたと思っていました。

その時に、私は、山本宣治先生の主義主張を超えた人間のあるべき姿を見い出したのです。

立場は違いますが、あのようにありたい。時代に流されずに、おもねらず、筋を通す。時代を超越した凄みを、私は感じました。

今日、その山本宣治先生の本を出版されると聞きました。ここに推薦します。今だからこそ、山本宣治先生の生き方、貫いた人生を感じてもらえれば幸いです。

衆議院議員・立憲民主党国会対策委員長
安住　淳

私は、元旦に「山宣」のお墓を詣でることを慣わしとして30年になります。山宣の一生を描いた映画「武器なき斗い」は、学生時代の鮮烈な思い出となっています。下条勉氏が山宣を演じ、宇野重吉氏が谷口善太郎〈映画上では谷〉を演じました。

後に谷口善太郎の後を継いで私が、衆議院議員になろうとは夢にも思いませんでした。「わだつみの悲劇を繰り返すまい」を信条に立候補を決意して、山宣の生き方を学びました。

山宣の「山宣ひとり孤塁を守る……」の拓本は、日本共産党国会議員団の控室に飾られ、議員団のバックボーンとも言えます。

立憲野党は、菅政権による学術会議任命拒否問題を、学問の自由、思想・信条の自由を脅かすものと捉え、京大滝川事件、山本宣治暗殺、盧溝橋事件を想起し、時代認識を共有し、戦争への道許さないという立場で闘っています。

「だが私は淋しくない　背後には大衆が支持してゐるから」の文言を、現代に置き換え、「市民と野党の共闘」が厳然と存在するとしました。

今回の出版が、山宣に関する新しい事実も知らせ、時宜に適したものであることに賛辞を表明し、多くの読者を魅了するであろうことを念じます。

衆議院議員・日本共産党国会対策委員長　穀田　恵二

はじめに～今なぜ山本宣治が注目されるのか

毎年3月5日に山宣墓前祭が開催される。２０２1年は前年に続き、コロナ禍のなかでの墓前祭となった。新型コロナ感染症に翻弄されたこの時期、山本宣治研究に光が当たることとなったのは偶然ではない。

オリンピック・パラリンピック開催と大企業本位の経済活動の再開にこだわった安倍自公政権は、感染症対策が後手後手にまわり、急速に国民の支持を失っていった。安倍首相の辞任を受け、成立した菅自公政権もまた同様だった。菅内閣による日本学術会議会員任命拒否問題は、科学を権力のしもべにしようとする象徴的な事件であり、こうした政権の姿勢がコロナ対策の無為無策にもつながることになった。コロナ禍拡大の中、菅首相も前任者同様に政権を投げ出すことになったが、科学に立脚しない政治にもはや未来はないだろう。

山宣は生物学者・性科学者でもあった政治家・社会運動家であり、科学と政治のかかわり方を常に実践的にとらえていた。産児制限運動を展開しつつ、労働学校での講義などを通して、政治を変えねば女性たちをはじめとする日本の労働者農民の苦悩は解決しないという結論に至り、政治家へと転身する。山宣にとって、科学的知見なしの政治はありえなかった。政治家になっても、山宣は科学者であろうとした。『戦争の生物学』下巻の翻訳は、代議士当選後のことであり、科学者山宣の並々ならぬ決意を感じる。

筆者は、塩田庄兵衛氏や佐々木敏二氏に学びながら、山宣を中心とする近代日本社会運動史研究を続けてきたが、生物学者山宣については深く語ることは少なかった。当時の日本では社会科学者も自然科学者も語学力を生かして、欧米先進国の書籍を翻訳するいわゆる「翻訳学問」であり、山宣の生物学者としての業績も翻訳書にあると考えられてきたからである。

本書を書くにあたって山宣の生物学の著作を読み直すとともに、生物学者山宣について長く研究してきた小田切明徳氏の業績を改めて学んだ。結論的に言うならば、山宣は科学的社会主義について体系的に学んだわけではないが、自然科学（生物学）の最先端にいたことにより、歴史的な限界はもちろんあるが、当時もっとも科学的社会主義の真理に接近していたのではないか。生物学というものが「我々はどこから来て、我々は何者で、我々は将来どこへ行くのか？」（ゴーギャンの絵画の題名）を問う学問だったという性格からも、このことは説明できるかもしれない。

日本共産党の機関紙「しんぶん赤旗」には、生物学や進化論、天文学などの記事が多く掲載される[1]。これだけ自然科学の動向に敏感な日本の政党を筆者は知らない。それはおそらく、科学的社会主義の深化は、自然科学の発展のなかにこそあるのだという確信からだろう。日本共産党の理論的指導者とされる不破哲三氏は東大理学部物理学科、委員長の志位和夫氏は東大工学部物理科出身。いずれも理系である。

一方、政治家・山宣は帝国議会で治安維持法改悪反対を主張するとともに、大衆的な支持を力にして悪法に対峙しようとした。山宣は当時野党だった立憲民政党や他の無産政党議員、同じ労農党議員と意見交換や議論しただけではなく、広く大衆的な運動を組織しようとしたのである。治安維持法改悪反対には、帝国議会で１７０もの反対票が投じられた。もちろんこの反対票のなかにはさまざまな立場が入り乱れているだろう。しかし、事実として反対票170は肝に銘じて良いことではないか。本文にも紹介したが、山宣と立場を異にする議員たちの追悼演説などを読むと、それは儀礼的なものとは思えない格調の高さがある。山宣の孤高イメージの形成には、当時の日本共産党が大きな影響を与えている。また、佐々木敏二氏や筆者も含めて、戦後に山宣を語った人びとの立ち位置もまた山宣のイメージを固定していったのではないか。

山宣の地元宇治市（2020年12月投票・長廻千春氏立候補）や宇治田原町（2021年1月投票・今西久美子氏立候補）、城陽市（2021年9月投票・中野恭子氏立候補）の首長選挙では野党共闘は成立しなかったが、市民と日本共産党の共同による新たな選挙戦が展開され、大幅な得票増を勝ち取った。長年自民党の牙城とされた宇治田原町では、日本共産党元町議・今西久美子さんが43％の得票を獲得した。3月5日の山宣墓前祭では佐々木真由美宇治市議（無党派）が献花し、立憲民主党国対委員会がメッセージを寄せた。山宣のように科学に立脚し、あらゆる可能性を信じ、たたかい続けることを墓前に筆者は誓った。

2021年4月25日投票の補欠選挙、北海道2区（衆議院）、長野（参議院）、広島（同）で野党統一候補が勝利した。争点となったのは、自公政権の場当たり的で無為無策のコロナ対策と繰り返される金権政治だった。また同年8月22日投票の横浜市長選では、野党共同の新人候補が大差で当選した。市民と野党が一つにまとまることの重要性が再認識された選挙となった。

本書は、筆者がここ数年、雑誌や新聞に寄稿した文章に加筆、新著としてまとめたものである。安倍政権や菅政権の登場で悪政が跋扈（ばっこ）するようになった一方で、悪政を阻止するための市民と野党との共同が進み、そのなかで山宣が注目されるようになった。コロナ禍のなか、山宣をめぐる新しい歴史イメージが形成されつつあることに、社会運動史研究者として大きな責任を感じている。

最後に、本書を原稿の段階で読み、心あたたまる推薦文を寄せていただいた立憲民主党国会対策委員長・安住淳氏、日本共産党国会対策委員長・穀田恵二氏に感謝したい。お二人の力添えがなければ、本書は世に出ることはなかった。「市民と野党との共闘」の進展のなかで、山宣が注目されるきっかけをつくってくれたのもお二人だった。

1 「現生人類は20万〜30万年前アフリカ大陸で誕生し、5万〜6万年前にアフリカ大陸を出て世界各地に広がった」「現生人類が現在の人々と同じような能力を獲得したのは、10万年前ごろのアフリカ大陸南部の沿岸部だったとする説が有力となっていました。「ところが、ガ・モハナ・ヒルの岩陰遺跡での発見は、この説に疑問を投げかけるものとなりました。海から665キロ離れた場所に、現在の人々と同じような能力を現生人類がいた可能性が浮かび上がったからです」（『しんぶん赤旗』2021年4月26日）まるで科学誌のような記事である。また『しんぶん赤旗』書評欄には、進化論についての書籍が紹介されることが多い。

〈もくじ〉　山本宣治に学ぶ　［科学・共同・ジェンダー］

〈略歴〉山本 宣治

山本宣治（愛称・山宣）は、１８８９（明治22）年5月28日京都市内の繁華街新京極でアクセサリー店「ワン・プライス・ショップ」を営む山本亀松、多年の一人息子として生まれた。

敬虔なクリスチャンだった両親の影響を受け、山宣もキリスト教を深く信仰する。病弱のため神戸第一中学校を中退した山宣は、両親が彼の養育のために建てた宇治川畔の別荘（後に料理旅館「花やしき浮舟園」に発展）で花づくりをして育った。青年期の5年間のカナダへの移民・留学体験により、山宣は大衆性と国際性・ジェンダー平等の思想を身につけたとされる。同志社から三高へと進学。園芸家志望から生物学者の道にすすみ、東大卒業後、京大大学院（医学部）に籍を置きながら、母校の同志社大学予科で日本最初の性教育の授業を行った。

１９２０年初めより本格的な産児制限運動家となり、労働農民運動の指導者として成長していく。当時地下にあった日本共産党の要請を受け、１９２８年の第1回普通選挙（男性のみ）に労農党より立候補して当選。衆議院議員として、治安維持法反対の先頭に立つ。翌年3月5日、右翼により刺殺されるまで、１９２０年代を矢のように駆け抜けた社会運動家、生物学者・性科学者だった。

第1章

生物学者・山本宣治と科学的社会主義

スペイン・インフルエンザという史上最大のパンデミックを体験した生物学者・山本宣治は、当時の政治や社会にしばしば警鐘を鳴らした。科学的知見を失った政治は大きな惨禍をもたらすことは、2020年より続くコロナ禍ではっきりと証明されたのではないか。今回改めて、山宣の生物学研究の翻訳書G・Fニライ著『戦争の生物学』(上巻・1922年、下巻・1931年)ならびに著書『無産者生物学』(1929年)、『恋愛革命』(1924年)を読み、山宣の科学者としての見識の高さに畏敬の念すら抱いた。以後百年間の生物学の発展にも耐えうる山宣の研究の基礎には、おそらく科学的社会主義の哲学があるものと思われる。

浜矩子氏(同志社大学教授)は「京都新聞」(2021年4月11日)「天眼」に「熟知しているはずの小説や専門書、古典などの中に、新たな発見がある。自分が当面している状況や、世の中の情勢変化に応じて、同じ作品でも、違う部分が示唆を与えてくれるのである」と書いている。筆者にとって約百年前に書かれた『戦争の生物学』『無産者生物学』『恋愛革命』の三著は、浜氏の指摘通りとなった。

三著のなかで山宣の生前に出版されたのは、『戦争の生物学』上巻と『恋愛革命』のみである。山宣暗殺後、従弟で医者の安田徳太郎と作家で親戚の高倉テルが山宣の膨大な著述を編纂して『山本宣治全集』全8巻(ロゴス書院)として出版した。

安田は『山本宣治全集』第2巻(1931年)に、次のように書いている。

「私の科学は、読書と思索の中からばかり生まれずに、宣伝演説と旅行と会談と質問応答と通信往復と身の上相談と、それから私の反省との中から湧き出でてくる」。山本は大正九年から死の直前に亙る殆ど九年の間に非常に莫大な著述を残した。かような著述は彼の言葉の通り読書と思索の中から生まれずに、目まぐるしい程多忙なる戦闘的生活の中から湧き出て来たのである。

「忙しい、忙しい、だが、いろんな事を書き残して置きたい」と山本は口癖のように言っていた。午前五時に起床するや山本は日課のように朝の二三時間著述に耽った。そういう著述は彼の戦った一つの生活記録をなしたのである」

本章では山宣と科学（生物学）、政治のかかわりについて、山宣の著書の引用もしながら、できるだけ具体的に述べてみよう。

1　スペイン・インフルエンザと山本宣治

２０２１年2月22日、バイデン米国大統領は、ホワイトハウスで開催された新型コロナウィルス死者への追悼記念式典で、このパンデミック（世界的大流行）による米国人死者は第一次、第二次世界大戦[2]とベトナム戦争を合わせた米国人死者数より多い、とスピーチした。

アメリカ最初の死者は前年2月29日に確認され、その後三つの波を経て1年間でこの日に50万人を超えた。累計感染者数も２８００万人を超え、いずれも世界最多となった。こうした事態を招いた要因として、トランプ前大統領の時代の感染症に対する無為無策がもたらした、人災の側面も指摘されている。トランプ氏はツイッターを駆使し、フェイクを流す手法で最高権力者の座に昇りつめた。その代償はあまりにも大きなものだったのである。

バイデン大統領はコロナ犠牲者数と戦死者数を比べることで、アメリカにおけるコロナ禍がいかに大きな問題なのかを提示したといえよう。それならば、もう一つのパンデミックについても言及する必要があるだろう。第一次世界大戦末期に流行が始まったインフルエンザ（俗称「スペイン風邪」）の犠牲者数（約5千万人・1億人とする説もある）は、大量殺戮時代の始まりとされる第一次世界大戦の戦死者数（約1600万人）をはるかに上回っていた。もっとも大戦の犠牲者の3分の1がスペイン風邪によるものだったとの推計もあるほどだから、その脅威がわかる。世界大戦で各国の軍隊が各地に転戦したことで、史上最悪と言われるパンデミックになったのである。軍隊ほど密な組織はないからだ。

新型コロナ感染症の拡大のなか、過去の感染症の世界的大流行（パンデミック）から教訓を得ようとする出版やテレビ番組が多くなった。速水融『日本を襲ったスペイン・インフルエンザ―人類とウイルスの第一次世界戦争』（2006年、藤原書店）などによれば、日本の感染者は2380万人、死者は約40万人[3]に達したという。アメリカでは約50万人が犠牲となったが、今回のコロナ禍ではそれを凌駕することは間違いないだろう。

山本宣治やその家族が体験したパンデミックとは、このスペイン・インフルエンザだった。すでに30歳となっていた東大生・山宣は実家・花やしきに葉書や書簡を送っている（佐々木敏二等編『山本宣治全集』第7巻、汐文社）。

一九二〇年一月二十六日　山本宣治より花やしき宛葉書
京都府久世郡宇治町　花やしき浮舟園　御中
二十六日投函　小石川林町六四
三日以前より（長男）英治は流感に罹り毎日八度九度の辺に体温上下、室をあたたかくしたくも御存じの家にて思ふに任せず、大閉口中。宣（治）、（妻）千（代）、フクも同様の微候あれど注射の功あらはれて後の事か別段大したものらしからず、とに角心に如くはなしと慎重加療中。
（中略）
「パパの云ふ事をきいて早く直って箱根につれて行ってもらふのだ」。

そのうえで実家の両親のために、インフルエンザ対策に関するさまざまなことを記している。この時、山宣も軽いインフルエンザの症状が出ていた。

一九二〇年一月二十八日　山本宣治より花やしき宛書簡
京都府久世郡宇治町　花やしき　御中
小石川林町六四　山本宣治
一月二十七日夜十二時
英治の病気快方に就き一安心。熱は平常となり唯今安静を保ちつつあり、外の連中はやはり注射のおかげか別段発展もせず其のまま直るらしくやはり（ワクチン）注射はしておくべきもの。

マスク着用について山宣はあまり重視しておらず、「結核菌は流感（インフルエンザ）のタネよりもドッサリ散歩している」と書く。この時代、結核による死者が毎年12万人を超えていたからだ。

乾燥が良くないことはわかっていたようで「（インフルエンザに）なった時は少し共一週間は覚悟をきめて寝所に落ち着いて居る事、室内は（華氏）六十二、三度（摂氏十六、七度）に温め不絶薬缶よりユゲをたてて室内に水蒸気あらしめる事」とするが、換気については窓を「開け放してはならん」とした。

肺炎になったら酸素吸入をすべしと説き、「高くても二十円は越えず、兎も角命がつなげれば何ぼでも安い」と富裕層らしいことを書いている。

北里研究所の血清（ワクチン）注射が手に入りにくいことを嘆くとともに、「注射をしておけばよし感染しても（丁度我々の様に）病気は激しくなくてすむ。つまり死なずにすむという事」としている。

2　神戸中学を1年足らずで退学

山本宣治は1889年、京都の繁華街新京極に洋風アクセサリー店「ワン・プライス・ショップ」を営む山本亀松、多年の一人息子として生まれた。両親は四条教会（プロテスタント）に通う敬虔なクリスチャンで、山宣も幼い頃洗礼を受けている。山宣が生まれる前年に開店した「ワン・プライス・ショップ」は、短期間に売り上げを伸ばし、10年足らずのうちに東京、神戸、大阪などに五つの支店を持つまでに発展した。

病弱だった山宣の養育のため、両親は都会の喧騒から離れた宇治の地に土地を買い入れ、別荘とした。これがのちに料理旅館「花やしき浮舟園」となる。

山宣は1895年、京都の小学校に入学するが、からだが弱かったため、まもなく宇治の別荘で暮らすようになった。両親が日曜日に会いに来るという生活である。「花やしき」近くの莵道（とどう）小学校を卒業し、京都第二高等小学校を経て、神戸中学校に入学した。両親が神戸を選んだのは、「ワン・プライス・ショップ」の支店が神戸にあり、勉強の傍ら店を手伝うことで商売の勉強になること、プロテスタント教会の中心でもあった神戸教会に通えること、そして何よりも国際貿易港で商人としての感性が磨かれるのではないかと考えたからだという。山宣は熱心に教会に通い、勉強にも励んだ。しかし、もともと弱かったからだに過度の勉強が重なり、神戸中学を1年足らずで退学することになる。

神戸を離れた山宣は、病気療養のため再び宇治に移った。宇治では、両親はからだを鍛えるため山宣に花の栽培をすすめた。山宣も「花を植えて世の中を明るくしたい」と本気に思うようになり、しだいに園芸家を志すようになった。宇治で花づくりや養鶏をやりながら、京都の四条教会に通い、非戦論を唱えたキリスト者・内村鑑三の著作や内村が寄稿する新聞「万朝報」を愛読した。「万朝報」には反戦論を展開する社会主義者・幸徳秋水も筆をふるっており、山宣は熱心に読んだ。

1904年、園芸見習のためキリスト者が経営する「東京農園」に住み込んで働いたが、労働条件が劣悪なため短期間で奉公人を辞めた。宇治に戻った山宣は、四条教会の牧野虎次牧師（後の同志社総長）の影響もあり、渡米して本格的に園芸を学ぶ計画を立てた。当時日本はアメリカやカナダへの移民熱にわいており、山宣もその影響を受けたのだろう。牧野の助言もあり渡米の準備として再び園芸の勉強をすることになり、牧野の紹介で1906年1月、東京の大隈重信（第8・17第首相）邸に入った。山宣採用の面接をしたのは、大隈本人だった。また大隈の配慮で夜は神田の英学校に通った。神戸中学を中退した山宣にとって、渡米の夢を実現するためには英語力が不可欠だった。山宣は300人も入る大教室で熱心に英語を学んだ。

大隈邸での園芸見習時代、山宣は幸徳秋水が主筆をつとめる「平民新聞」や、堺利彦が翻訳したマルクス・エンゲルス『共産党宣言』を読み、社会主義的な理論の基礎を身につけていく。また、ダーウィン『種の起源』を読み進化論にも関心を寄せた。市電値上げ反対闘争に共鳴するのもこの時期である。一方で山宣の生活の基本はキリスト教であり、聖句を毎日日記に書き付ける日々であった。9カ月で大隈邸を辞めたのは、やはり健康問題だった。園芸見習も英語学習も中途半端で終わってしまった。

日露戦争後の不況下で「ワン・プライス・ショップ」が営業不振になると、両親は花やしきの旅館業に経営をシフトさせた。当時、父親が京都で「ワン・プライス・ショップ」を、母親が宇治で花やしきを切り盛りするという生活になっていた。と言っても、花やしきが本格的に営業しているわけではなく、山宣は今までのように両親に頼る生活はできないと覚悟を決めた。

1906年1月、カナダから眼科医・石原明之助が山宣の父の姪と結婚するため帰国した。石原はバンクーバーで邦字新聞「加奈陀新報」の経営に参加するなど、日系社会のリーダーでもあった。式を挙げた石原は、3月にカナダに戻るので山宣も一緒に渡加させないかと、山宣の両親に話した。

山宣らを乗せた移民船「旅順丸」は4月27日に日本を離れ、5月12日にカナダのヴィクトリア港に着いた。18歳の誕生日を前にした渡加だった。留学するのだと意気上がる山宣だったが、手元には48ドルしかなく、実態は労働移民生活の始まりだったのである。

3　進化論と社会主義を学んだカナダ時代

2014年に封切られた映画「バンクーバーの朝日」（脚本・奥寺佐渡子。監督・石井裕也）は、20世紀初頭のカナダ・バンクーバーの日系社会を描いた作品である。製材所で働く日系人野球チームの物語。実話に基づいて制作された映画で、カナダ時代（1907年~11年）の青年・山本宣治の見た世界がビジュアルに表現されていた。当時のバンクーバー市の中心部に近いパウエル街には日系社会が形成されており、銭湯から蕎麦屋までおよそ日本にあるものは何でもあり、日本語で生活することができた。

バンクーバー以外にもカナダに日系社会は形成されており、フレーザー河の河口にあるスティヴストン港には2500人の日本移民がいた。主な仕事は鮭漁と缶詰工場勤務であり、和歌山県からの出稼ぎ移民が多かった。山宣も漁師としてスティヴストンで働いた時期があった。

バンクーバーに到着したもうすぐ19歳になる山宣の、最初の仕事はハウスワーク（家事手伝い）、住み込みでも月5ドルの低賃金だった。日本移民排日運動の影響もあり、念願のガーデナー（庭師）の仕事に就くには、しばらく時間がかかった。山宣は石原明之助の元に身を寄せ、さまざまな労働を体験しつつ、キリスト教日本人教会に通ったのである。山宣が科学的社会主義を本格的に学んだのもカナダ時代だった。

石原らが発行していた「加奈陀新報」は、日本人教会の週報から発展したカナダ初の邦字日刊紙で日本移民のカナダ社会への同化、英語教育の推進などに尽力していた。山宣は自由主義、平和主義的な「加奈陀新報」に共感し、編集や配達などを手伝うとともに、後に寄稿するなどした。

渡加2年半後の１９０９年11月、21歳の山宣はバンクーバーにあるストラスコ校ハイフォース（小学校の7年～8年生）に、17歳と年齢を偽って入学した。入学当初は英語力が足りず苦労したが、翌年3月にはクラスで5番の成績となり、6月のブリタニア・ハイスクール入試も上位で合格した。ハイスクール入学後も首席となるなど、猛勉強した。

ハイスクールは男女共学で、自由主義的な教育を行っていた。クラスで男女1人ずつの級長を選ぶ投票で、山宣はもう1人の男子学生と並ぶ最高得票を得ている。級長は辞したが、人種的偏見や男女差別の少ない雰囲気のなかで、のびのびと学んだのである。

一方、山宣はダーウィンの『ビーグル号航海記』などを読み、生物進化論にますます関心を寄せるようになっていく。生物学者になりたいという夢が次第に大きくなっていったのもこの頃だった。ハイスクール入学直前に、山宣は権威主義的な日本人教会から離れ、ユニテリアン教会に移った。科学的合理性に忠実でありたいという気持ちからだった。ユニテリアン教会にはキリスト教社会主義者たちが多くいたことも、山宣に強い影響を与えた。

ユニテリアン教会は、キリスト教の本質だと考えられていた三位一体説や、キリストは神の子であるという教義を否定する。その分、自然科学（生物学、とりわけ進化論）とキリスト教の矛盾が少なくなる。20世紀初頭、北米で盛んになっていた。

生物学は19世紀に確立され、20世紀に入り急速に発達していた学問である。科学的社会主義も19世紀にマルクス・エンゲルスが確立し、20世紀初頭より全世界的な影響力を強めていった政治思想である。

科学的社会主義の古典として、現在も読みつながれているのがマルクス『資本論』（第1部の刊行は1867年）。『資本論』第2部と第3部は未完だったため盟友エンゲルスが編纂し出版した。『資本論』第1部は、山宣が青年時代に読んだ『共産党宣言』（1848年）とともに、国連教育科学文化機関（ユネスコ）の「世界の記憶（日本では『世界記憶遺産』と訳されることがある）」に登録（2013年）されている。

マルクス亡きあともエンゲルスは研究を続け、晩年の傑作と言われる『家族、私有財産および国家の起源』を1884年に出版した。日本では、『共産党宣言』を翻訳した堺利彦が『男女関係の進化』という題で、この本を出版している。生物学や文化人類学（モルガン『古代社会』）の成果の上に書かれた『家族、私有財産および国家の起源』は近代フェミニズムに大きな影響を与えたが、山宣が読んでいたかどうかは不明である。

人類学・霊長類学研究の第一人者である山極寿一氏（元京大総長）[4]は『ゴリラと学ぶ』（共著、

2018年、ミネルヴァ書房）のなかで、こう述べている。

もともと家族の起源という問題は、ダーウィンの進化論のあと社会進化論というのが出てきて、それまで文化人類学やっていた、ルイス・モルガンたちが、一九世紀の終わりに人間に普遍的な社会単位である家族というのは、いつどのようにして出来たんだろうかと、社会の発展の問題として捉えたわけです。そこに進化という概念を当てはめて論じはじめた。

同書には、日本の霊長類学の創始者・今西錦司（京都大学）についても言及されている。なお、筆者は青年時代に今西の生物進化論の影響を強く受けた。

……今西（錦司）さんはゴリラに対して強い思いを抱いていたんですね。家族の起源というのはチンパンジーでもオラウータンでもテナガザルでもなくて、やっぱりゴリラなんだと。ゴリラに類家族という名称を与えたくらいですから。

山極氏が京大学生時代に師事したのが伊谷純一郎である。伊谷は今西の弟子筋であり、山極氏は孫弟子ということになる。伊谷と同世代で同じく京大で霊長類学を研究していたのが河合雅雄である。2021年5月、97歳で亡くなった。同年5月23日付「しんぶん赤旗」の〈潮流〉は、河合を次のように紹介している。

サルから人類への進化の過程を研究し「人間とは何か」に迫ろうとする霊長類学。それに興味を持った契機は戦争でした。「残虐な戦争を起こす人間とは何なのか。出発点から知りたい」

筆者は大学時代、エンゲルス『猿が人間になるにあたっての労働の役割』（1867年）を愛読したが、この本にダーウィン『種の起源』（1859年）の進化論の強い影響があることは、山極氏の指摘通りである。木から下りた人類の祖先が、直立二足歩行により自由になった手で道具を作り出したこと、すなわち労働こそが人類進化の大元なのだと記したエンゲルスの著作は、『資本論』の労働価値説ともつながり、労働者階級を鼓舞したといえる。

労働価値説はまた、それまで無報酬だった家庭の家事も「労働」であると認め、対価をもとめる女性たちを励ます理論ともなった。家事は「家で休息したり食事したりするための労働」すなわち労働力の再生産のための労働であり、工場などでの生産的労働とは違い、資本主義を含む階級社会では私的領域とされてきた。そのため無報酬とされたのだ。

山宣はカナダ時代に鮭漁師などの肉体労働を体験し、自らなかにある労働者性に目覚めたとされるが、一連のエンゲルスの本を読んでいたかどうかよりも、その労働体験とユニテリアン教会内の社会主義者たちとの交流が、学問（生物学）と労働者性（階級性）との結合という山宣の思想をかたちづくったのではないか。

さて、話をカナダ時代の山宣に戻そう。1910年の大逆事件と翌年の幸徳秋水らの処刑を、山宣はカナダで知る。イギリスやアメリカなどで抗議集会が開かれた。幸徳秋水の滞在したサンフランシスコの日系社会では大規模な抗議集会が開催されている。邦字新聞や英字新聞を通して、山宣はユニテリアン教会のキリスト教社会主義者からも情報を得て、天皇制国家によるでっち上げ事件であったことにいち早く気づいたに違いない。帰国後山宣は同志社普通学校4年生のとき「加奈陀新報」に寄稿するが、社会主義は危険思想ではない、危険なのは忠君愛国や軍国主義だと論じている。

生物学と社会主義、山宣の二つのバックボーンがつくられたのがカナダ時代だった。ダーウィンの進化論を否定するキリスト教会に、山宣は強い警鐘を鳴らしている。自然科学と社会科学、人文科学とをいかに統一的に研究するかを青年山宣は真剣に考えていた。

幸徳秋水とともに、山宣の脳裏に刻まれたのが大石誠之助（ドクトル大石）だった。大石は大逆事件において和歌山県新宮グループの中心とされ、刑死させられている。大石は同志社大学卒業後、米国オレゴン大学医学部を終え、帰国の途中でスティヴストンに立ち寄り、漁師たちの間に流行した黄熱病とチフスの治療をしたことがきっかけで、病院設立の計画の土台を作った。山宣は大石とは会っていないが、漁師仲間たちから聞き伝えたドクトル大石の人間性に強く惹かれたと思われる。

4　G．F．ニコライ『戦争の生物学』上下の翻訳

ハイスクール2年の1911年11月、父病気の電報を受け取り、渡加後はじめて山宣は帰国した。そのころ花やしきの経営は安定しており、両親に説得され、山宣はカナダに戻るのを諦める。その後近くに住むいとこの山中平治（後に花やしき支配人）のすすめもあり、山中も在籍した同志社

普通学校4年に編入することになった。山宣24歳の時である。

カナダで社会主義、自由主義的な教養を身に付けていた山宣にとって、大逆事件以降「冬の時代」を迎えていた日本は大変窮屈な国であった。しかし、大正時代に入り、日本の民衆運動が高揚してくると、期待感をもって「加奈陀新報」に寄稿している。

戦争の生物学を翻訳した山宣の書斎。地球儀とレーニンの胸像の後ろには翻訳行程表が張られている。二つのスローガンが掲げられていた。一つは「戦争撲滅の為奮闘せよ」、もう一つは「Vita brevis,Scientia longa（生命は短いが、科学は長い）」だった（『山本宣治全集』第1巻、1929年、ロゴス書院）

失恋や丸上千代との恋愛・結婚・長男英治、次男浩治の誕生などの間に、同志社普通学校卒業、第三高等学校入学と南洋諸島への修学旅行（約2カ月間）など目まぐるしい変化が山宣にあった。1917年には東京帝国大学動物学科に入学し、山宣は生物学者としての第一歩を踏み出した。専門に研究したのはイモリの生殖だった。性の問題を科学的に解明することが、山宣にとっての学問の出発点だったのである。

大学時代に山宣はG．F．ニコライの『戦争の生物学』（英語版）を読み、霧が晴れたような気持ちになった。かつてカナダで進化論を学び、キリスト教の教養に疑問を持つようになっていた山宣は、進化論が人間社会にも通用するとする「社会進化論」が弱肉強食の資本主義社会を肯定する「優勝劣敗」思想につながっていることに、疑問を抱いていたからだ。ニコライは山宣と同じ生物学者として、ドイツで反戦運動を展開、弾圧のなかでドイツから脱出し、国外で『戦争の生物学』を出版する。しかし、山宣の読んだ英語版『戦争の生物学』はニコライ本人の知らないところで編集されたものであることがわかり、ドイツ語版を取り寄せて、その本の翻訳・出版交渉をはじめた。

東大在学中に三男繁治が生まれ、山宣は三児の父となった。１９２０年東大を卒業した山宣は、京大大学院に進学するとともに、同志社大学予科講師となり性教育（人生生物学）の講義を始める。同時に大津市の琵琶湖岸にあった京都帝大臨湖実験所講師となり、電車通勤の途上で『戦争の生物学』を翻訳した。途中、腸チフスに罹患するなどの困難はありながらも翻訳は完成し、１９２２年に上巻を出版する。『戦争の生物学』は山宣の生涯の翻訳書のなかで、もっとも重要な本だった。

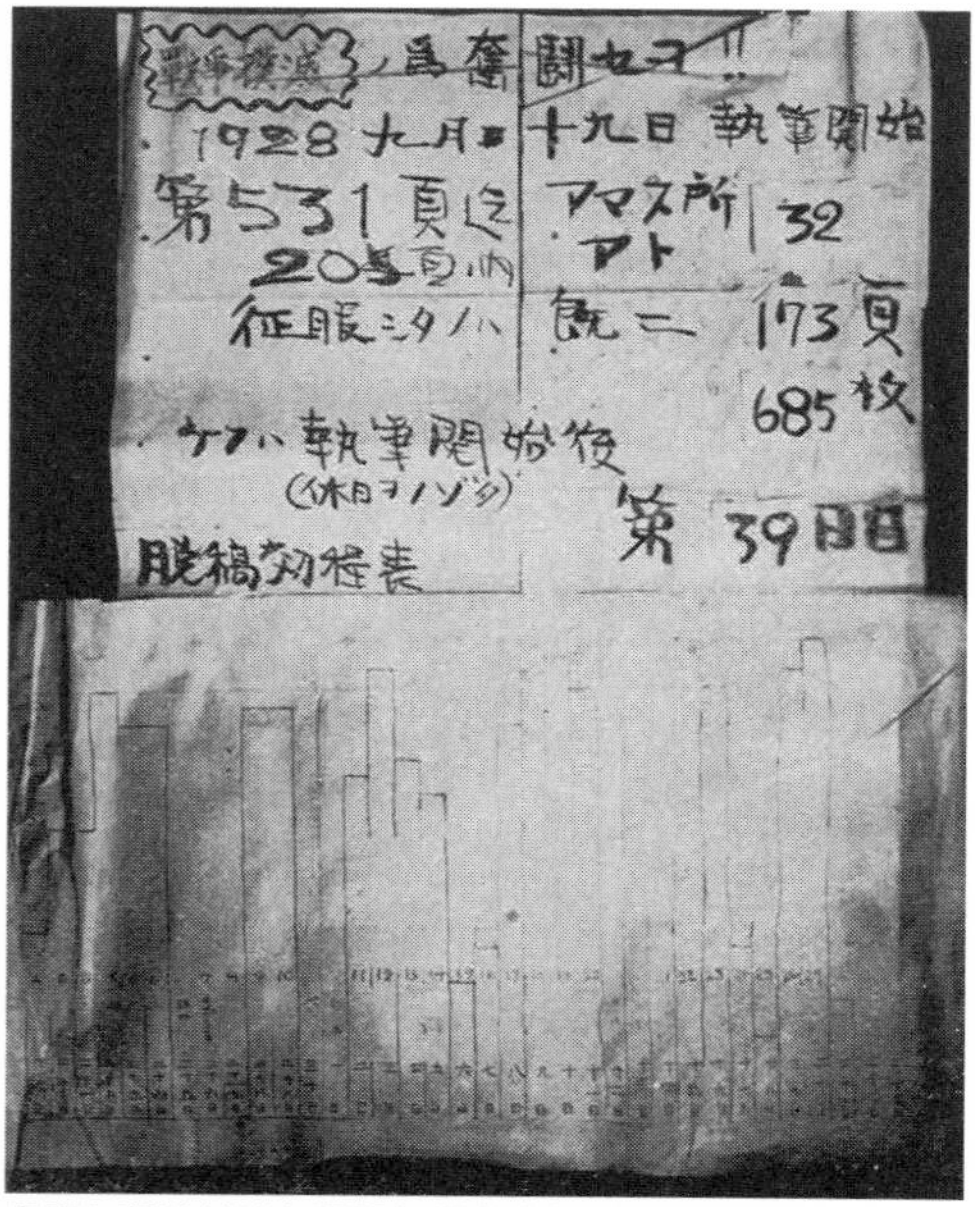

書斎に張り付けた翻訳行程表（『山本宣治全集』第1巻、1931年、ロゴス書院）

『戦争の生物学』上巻の序文はアインシュタインが書いている。講演するため来日中のアインシュタインを山宣が訪ね、直接序文を依頼したのである。同行したのは従弟の安田徳太郎医師。アインシュタインはニコライの友人でもあった。山宣はアインシュタインの序文を次のように翻訳している。

戦争は無意味であり、而してその戦争を防止するための或る国際組織が必要であるといふ信念を普及する事が、今日の政治的著述の最も重大なる任務であると私は考える。この見地よりして、私は衷心より本書の普及を悦ぶものである。本書がかかる問題に対して実に多方面な且つ深刻な刺激を惹起し得るものであり歴史によって蓄積したる死太い偏見を打破するに適した著述であるが為に。

一九二二年十二月十日
京都みやこホテルにて
アインシュタイン

山宣は年賀状に「『戦争の生物学』は〈(カントの・筆者)永久平和の理想〉を広げようとするものであり、生物学研究に基づいて軍備拡張の愚挙であることや好戦的本能と尚武主義は時代おくれの厄介物で……世界平和の理想実現のためにそれを感傷的幻想とせずに、この本をぜひ読んで欲しい」と書き、戦争は不可避に起こるという好戦論を批判している。1920年に国際連盟が成立していたことも、山宣の平和思想に影響を与えていた。

下巻の出版は7年後のことである。この7年の間に、山宣は性科学者から産児制限運動家、労働農民運動の指導者へと急速にその活動の場を広げていったが、『戦争の生物学』のことは脳裏から離れたことはなかった。

1928年2月の第1回普通選挙（男性のみ選挙権）に山宣は京都2区から立候補し当選するが、選挙戦の過労がもとで坐骨神経痛になり、その後信州の上林温泉で病気治療することになった。書斎や温泉地で山宣は「戦争撲滅のため奮闘せよ」というスローガンを貼り付け、スケジュール表を張り出して『戦争の生物学』下巻の翻訳にとりくんだ。

ニコライのこの本の翻訳は、性科学や産児制限、治安維持法反対などとともに、山宣のライフワークだった。山宣の根っこには常に生物学という学問・科学があった。翌年3月に山宣が暗殺されたとき、『戦争の生物学』下巻は最後の50ページを残していたという。生物学者としての山宣の矜持と執念を感じるのは筆者一人ではあるまい。

ニコライはダーウィンの進化論を人間社会にも当てはめようとする「社会ダーウィニズム（社会進化論）」に対して、批判と警告を発しているが、これは山宣の主張

"MIYAKO" KYOTO

THE MIYAKO HOTEL, KYOTO.

Kyoto, ______ 19

Die Verbreitung der Überzeugung von der Sinnlosigkeit der Kriege und von der Notwendigkeit einer internationalen Organisation zur Verhinderung derselben erscheint mir als eine der wichtigsten Aufgaben der heutigen politischen Publizistik. Von diesem Gesichtspunkte aus begrüsse ich aufs Lebhafteste die Verbreitung dieses Buches, das wirklich mannigfaltige und tiefe Anregung auf diesem Gebiete bringen kann und geeignet ist, durch die Geschichte vertiefte, verhängnisvolle Vorurteile zu zerstreuen.

A. Einstein.

『戦争の生物学』上巻の巻頭に載せられたアインシュタインの序文。当時世界的に著名なアインシュタインを、安田徳太郎とともに京都の都ホテルにたずね、翻訳書のための序文を依頼した。アインシュタインは都ホテルの用箋紙に書いてくれた。その写真を本の巻頭に入れることは、山宣の希望だった（『山本宣治全集』第1巻、1929年、ロゴス書院）

でもあった。また、愛国主義が軍国主義とつながる危険性にも言及している。

「今日学説上戦争弁護をやる人々の大抵は決して自然科学者ではない。しかし彼等がダーウィン主義に就いて聞知り、そして辯へて居るのは、つまり生物界は競争によって勝利の方に趨いて居る。即ち一般に不適者は滅ぼされ適者は生き残り、斯して一の種が完成されるといふ事をダーウィンが述べたといふ丈の事だ。競争に応用するのに此学説より、更に密接なるものが世の中に又あらうか」（ニコライ『戦争の生物学』上巻）

山宣は対支非干渉運動などのリーダーとして、戦争につながる動きに反対していったが、その根底にあるのはヒューマニズムと科学としての生物学だったといえよう。

5　『無産者生物学』における科学と社会

山宣は同志社での講義を「人生生物学」と呼び、人間の生命と性の問題を教室で取り上げることにした。人間が人間らしく生きるための学問を教える山宣の講義は、学園内外から誤解と非難を浴びることになったが、山宣はひるむことはなかった。

やがて山宣は自らの学問を、社会で一番貧しい人びとの救済のためのものとするようになった。労働者農民たちが「貧乏人の子だくさん」に苦しんでいる姿に接し、産児制限運動に身を投じたのである。また山宣は労働学校で教えるなど、労働者教育にも力を注ぐようになった。「人生生物学」はこうして「無産者生物学」へと発展していく。

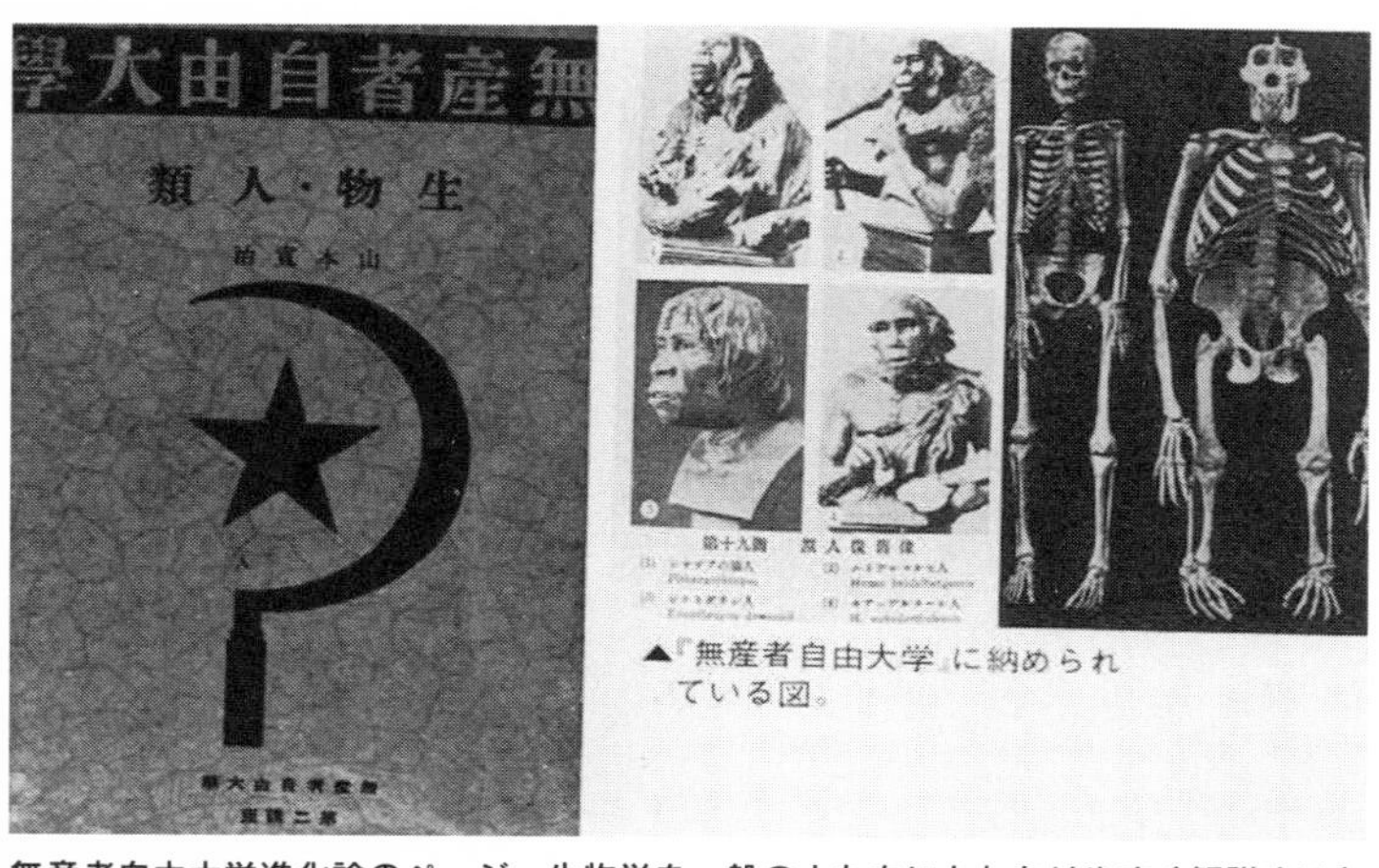

無産者自由大学進化論のページ。生物学を一般の人たちにもわかりやすく解説するため、図版なども入れた。進化論のページでは原人の骨格や想像図の写真が使われている（佐々木敏二等『山本宣治写真集』1979年、汐文社）

山宣の産児制限講話はどこも満席になるほどの人気だった。それほど切実だったという側面と、山宣の話が軽妙でおもしろかったからである。一方、産児制限は「産めよ増やせよ」の国策を真っ向から否定するものであり、山宣の講演は「弁士中止」を食らうことも多々あった。そのため1924年に山宣は京大を追われ、26年には京都学連事件にかかわったとされて家宅捜索を受けた。社会科学研究会の学生を指導していたとして、山宣は同志社大学を辞めさせられた。

筆者の手元に山宣が暗殺された年に刊行された『山本宣治全集』第7巻「無産者生物学」（1929年、ロゴス書院）がある。編集したのは安田徳太郎医師。当時の日本の生物学会は分類学、形態学中心で、有産階級が金に飽かして血道をあげて新種を発見する風潮があった。山宣は遺伝学や進化論を中心に生物学を組み立て、性科学を軸として生物学が人類、とりわけ貧しい人々を幸せにするための学問であることを示そうしたのである。「無産者生物学」という全集編集者の命名には、山宣のそうした願いが込められている。なお、山宣は同志社での講義を「人生生物学」、労働学校での講義を「生物学」と名付けていたが、「無産者生物学」という呼称は使っていない。

山宣と同様、産児制限（調節）を唱える人々がいた。食料が有限な以上、人口抑制が必要なり、産児制限という方法を選択せざるをえないとする主張である。山宣はこうした安倍磯雄らの主張を「新マルサス主義」と呼び批判している。来日して産児調節講演を行ったアメリカ人女性、マーガレット・サンガーについても、「正当マルクス主義の世界観と戦術とを排する点からいって、やはりこの小ブルジョア的なる新マルサス主義に興するものの如くに解せられる」と『無産者生物学』で書いている。山宣はサンガー講演の通訳をやっていた。

産児制限の意義について、山宣は同書でこう語っている。

「それではなんのために産児調節を宣伝するのか。答えは簡単である。我々は生存競争を行っている。此競争は弱肉強食といったようなものではなく、我々が正しく強く健全になることによって、世のあらゆる困苦に堪え得る能力をより多く増すことである。我々の生活に無理を少なくするために、避け得られるだけ、個人の身体健康に過労浪費を減じることである。惨惨たる現在の生活を宿命と諦めて此ままにしておいては、到底次の代により多くの光を齎（もたら）すことは出来ない。自分の生活を幸多きものとなし、従って子に幸多からしめようとする親心の点では、ブルジョアもプロレタリアも利害が一致する」

こうして山宣の無産者生物学（性科学）は産児制限運動が寄って立つ基礎となり、思想条件や貧富の差をこえて国民各層に浸透していった。

6　ジェンダー平等をめざして～山本宣治『恋愛革命』

山本宣治が『恋愛革命』を出版したのは1924年7月。彼はその時、すでに京都労働学校長に就任（4月）するなど、労働農民運動に身を投じていた。山宣は鳥取水脈社主催産児制限講演会で弁士中止を食らい、警官に壇上から引きずり降ろされる。この事件がもとになって京大を退職せざるを得なくなった（5月）。当時の男性優位の家父長制社会のなかで、山宣は男女平等について「結婚・三角関係・離婚」（『改造』、1923年、『恋愛革命』所収）のなかで次のように書いている。

男女に優劣はない

……両性は質の違いであり量の差ではない、即ち男女に優劣はない。唯双方互になくては立行かぬ一半、此半人前を二つ合わせて初めて人間一対が出来る次第である。

配偶者の候補を比較の上、自由選択

扨て男女が互に同格だと認めた上で、其等な異性の数ある中から此人こそ我意中の人と、自由意思を以て選まなければならぬ。家の為だから是非も無いとか、親の仰せの重ければとかで、泣きの涙で嫁入りするのは、暴力に対する屈服忍従であり、何等自己の主張が無いのだから、真の結婚と云ふ事は出来ぬ。又異性でさえあれば誰でもと、近づいて来た者が第一に引かれる者ならば、其所に何の選択が無いから、之も真の意味の結婚ではない。

自由恋愛と自由結婚の権利

人は一度此世に生を享けて現れて以来、他人の生命と幸福（財産と私はわざといわぬ）とに害を与へぬ限り、此生命を維持し其存在を主張し得る権利を持って居る。更に進んで解放の新時代に入った将来には、私の信念に拠れば、誰にも自由に恋愛に酔ひ自由に結婚し得る権利を有すべき筈である。

産児は権利か　義務か

ブルヂョア政府は労働搾取の為に「賤民」共の労働能率の低下を惹き起すと見たら、出来るなら性的享楽を為すの自由をも奪ひかねない。併し一方に於て過剰労働を掠奪する為に潤沢な予備隊を備ふべく、労働者間の出産率減退を憂ひて産児制限の宣伝を妨げ又は之を禁じ、健全なる児を多く生む事は国家に対する忠義であると云ふて居る。

産児は夫婦の自由

如何様に七六ヶしい法律の熟語をふり廻して、三百理屈をこねても、結局子供をうむとうまぬは夫婦の自由である。イヤならうまぬ丈の事であるが、イヤと申しても、今日の避妊法では到底素人の思ふ様に、或は藪医者が法螺を吹く程に、自由に行くものではない。

（山本宣治『恋愛革命』１９２４年、アルス）

リプロダクティブ・ヘルツ&ライツ（性と生殖に関する健康と権利）は、女性が産む・産まない・いつ何人産むかを決める権利のことだが、これ（リプロ）が国際文書に明記されたのは１９９４年のことである。しかし日本では明治以来「中絶は悪」とされ、女性たちを苦しめてきた。山宣は70年前に出版された『恋愛革命』のなかで、リプロについて明確に語っていたのである。

こうした山宣の男女平等思想は、カナダのハイスクールでの徹底した男女同権教育の影響だと考えられる。10年前の１９１３年、同志社普通学校時代の山宣が「加奈陀新報」に書いた「ヴァンクーヴァーの友へ」では、平塚雷鳥らの青鞜社運動を正当に評価している。

労働学校のころの山宣。ユーモアあふれる山宣の講義は、労働者たちから大きな支持を受けた（『山本宣治全集』第1巻、1929年、ロゴス書院）

東京オリンピック・パラリンピック大会組織委員会の会長で元首相の森喜朗氏は、「女性がたくさん入っている理事会の会議は時間がかかります」などと発言した責任をとって、２０２１年2月会長職を辞任した。この森発言をきっかけに日本のジェンダー平等が世界的に問われることになった。山宣が「男女に優劣はない」と書いてから、100年近くが経っているにもかかわらず……。

同年3月末にスイスのシンクタンク「世界経済フォーラム」（WEF）が発表した「ジェンダーギャップ指数」によれば、日本は156カ国中120位で先進国では最下位、世界的に見ても最低レベルにある。上位は北欧諸国が占め、日本の一つ上のアンゴラは38年間独裁政権が続き、女性の権利が大幅に制限されている国である。日本のジェンダーギャップ指数下位定着の原因は、政権党である自民党幹部の旧態然としたジェンダー意識であろう。長老議員だけではなく、自民党女性議員自らが女性を貶める発言を繰り返す姿を見て、暗然とするのは筆者だけではないだろう。

日本共産党第28回党大会（2020年1月）の結語のなかで、志位和夫委員長はジェンダー平等を柱とした党綱領一部改定案について、同志社大学教授の岡野八代氏から「まるで新しい政党が誕生したかのような感動を覚えました」とのメッセージがよせられたことを紹介した。筆者もまた同様の感想を持った一人である。

閉会あいさつで志位氏は「新たに副委員長に選出された倉林明子同志には、新設したジェンダー平等委員会責任者についていただくことになりました」などと述べた。山宣墓前祭などで同席したことのある、京都府選出の参議院議員倉林氏が「ジェンダー平等委員会責任者」となることで、日本共産党も大きく変わるし変わらねばならないと思う。

2019年の山宣没90年、生誕130年記念出版、拙著『優生思想との決別〜山本宣治と歴史に学ぶ』（群青社）では、男女平等を主張した新たな山宣像について提起した。以下にその要点をまとめ、ジェンダー平等についての共感が大きく世界に広がるという現在の情勢のなか、山宣の先駆的理論を学びたいと思う。

1922年、雑誌『改造』の招きで来日したアメリカ人看護師のマーガレット・サンガーは、多産国であった日本における避妊の必要性を講演で訴えた。山宣はサンガー講演の通訳をつとめた。サンガーは「母親になることを自らの意志で選べるようにならない限り、いかなる女性も真に解放されたとは言えない。女性は個人として自立しないかぎり、決して自由になれない」と述べている。ただ、サンガーの産児制限運動は、ナチのユダヤ人抹殺政策の理論ともなった優生学(優秀な遺伝子を残すことを目的とした学問)や新マルサス主義の人口抑制施策との関係が深く、大きな危うさをもっていた。

いつだったかは思い出せないが、エスペラント学会の人たちを、山宣の実家「花やしき」(宇治市)内にある山宣資料館に案内したことがある。並べられている山宣の蔵書(洋書)を見ていたとき、そのなかの一人が「山宣はナチスですか?」と聞いてきた。

「そんなはずはありません。なぜそんなことを思うのです?」と筆者が尋ねると、「優生学の本が多いからです」いう答えが返ってきた。

産児制限とは「選別した産み方」をすることであり、考え方によっては、優生学とのつながりがある。事実、山宣とともに産児制限運動を行っていた石本シズエ(後の加藤シズエ)は、山宣暗殺後の1931年に「日本産児調節婦人連盟」を設立している。戦後加藤は、悪名高い優生保護法成立に奔走する一人となる。

サンガー来日の翌年に掲載された「結婚・三角関係・離婚」（『改造』、1923年）において、山宣は優生学の危うさについて「種馬、種牛の様に人を産児器械と見做して居る優生学（しかも幼稚な学問）が、よしんば其結婚を否認したとて、結婚が夫婦互に其事情を理解した上の同情で築き上げられるのは、双方の先見と思慮があるならば寧ろ望ましい事」だと述べている。紹介しよう。

産児が危険有害と期待された時の結婚

性教育の必要を宣伝し乍ら生物学を修めて居る私に屡々（しばしば）問はれる事は、問ふ人が遺伝学上好ましくない素質を有して居る事を自覚して居る場合に、それでも結婚したものであらうかといふ問題である。成程多くの優生学者は生物学の名によつて斯様な結婚の禁止を命じて居る。之は結婚の唯一目的を産児と見るならば、如何にも種馬、種牛の掛けあはせを支配する調子で、さうも云へるだらう。併し乍ら我々は人間であつて牧場の牛や馬ではないのだ、人間である以上、恋愛の自由、結婚の自由の主張をするは当然である。

（中略）

斯様な難問を抱いて居る人は大抵世に勝れた人に多く、殊に遺伝の恐れありとして居る性質が真に遺伝性ありや否や、今日の遺伝学では尚疑問として居る程だ。其故此際、種馬、種牛の様に人を産児器械と見做して居る優生学（しかも幼稚な学問）が、よし結婚を否認したとて、結婚が夫婦互に其事情を理解した上での同情で築き上げられるのは、双方の先見と思慮があるならば寧ろ望ましい事、又禁じようとしても禁じ得られぬ事柄である。

（山本宣治『恋愛革命』1924年、アルス）

『恋愛革命』の跋で「関東震災前、一二年の間に専門の性学研究の傍ら書いた雑文を一括して、ここに此論集を出す事となった」と山宣が書いたように、『恋愛革命』は新聞や雑誌に山宣が寄稿した大衆向け論文をまとめたものである。生物学の専門書ではないので、逆にわかりやすく面白い科学的な読み物になっている。

加藤秀一は『〈恋愛結婚〉は何をもたらしたか～性道徳と優生思想の百年』（2004年、ちくま新書）のなかで、山宣についてこう書いている。筆者もまったく同意見である。

こうして優生思想が社会を塗り込めていったかのような大正期から昭和初期にかけての時期にも、そうした風潮に抵抗する声が上げられなかったわけではない。そのなかで最も際だっているのは山本宣治である。日本における性科学、性教育、産児制限運動の先駆者として労働運動に邁進した政治家としてあまりにも有名な山本の著作は、内容的に洗練されているだけでなく、その飄々とした書きっぷりも相まって、いま読んでも新鮮なものだ。

産児制限活動家のマーガレット・サンガーや性科学者のハヴロック・エリスといった思想家の著作を翻訳・紹介していた山本だが、かれらの優生学的な部分にはほとんど説得されなかった。優生学という学問の可能性を必ずしも全面否定したわけではないが、それがまだ未熟な学問でありながら人びとにあれこれ指図しようとする放漫な態度には怒りを押さえきれなかったようだ。

テロに斃れた同志・山宣について、マルクス経済学者・河上肇（京都帝大教授）は新聞のインタビューで「男子の本懐」と述べたとされているが、男女平等という点では古い日本人男性だったのかもしれない。

一方、河上の親友だった河田嗣郎（しろう）は『婦人問題』を著すが、徹底した男女同権を主張したため、同書は発禁処分となった。河田と河上は同郷（山口県）であり、欧州留学でも一緒、職場も京都帝大経済学部で同じだった。パリで河上と島崎藤村が交友を深めたのは良く知られているが、河田もまた藤村を訪ねている。当時の関西にはすぐれた知識人が多く、切磋琢磨しあっていた。関東大震災後は関東の知識人が移住し、東京圏を圧倒する勢いであったという。河田と山宣の接点は確認できないが、おそらくお互いにその存在は意識していたにちがいない。

関西大学の会田弘継氏は、亀田まか『河田嗣郎の男女平等思想』（2020年、白澤社）を素材にして、河田について「当時から性別を社会的につくられたものして見る視点を獲得しており、70年代以降のジェンダー論を先取りしていた」（「京都新聞」2021年4月30日）と書いている。

1928年河上が政治権力の圧力で京都帝大を追われると、河田も河上を追うように辞め、大阪商科大学（現在の大阪市立大学）の初代学長となる。5年後、滝川事件で京都帝大を離れた末川博（戦後立命館大学総長）を大阪商大に迎え入れたのは河田である。河田はすぐれたリベラリストであり、河上とも深い友情でつながっていた。

河上も河田も法然院（京都市左京区）に眠っている。

7　科学と政治の在り方〜コロナ禍のなかで

山宣の時代に比べ、はるかに科学技術が進んだ現代社会においては、科学の名のもとに誤った「知見」が拡散され、政治優位のもと非科学的な政策決定がなされていくのは、安倍・菅自公内閣下での新型コロナウィルス対策の迷走に示された通りである。危機を煽るだけの一部マスコミ報道とともに、いずれ本格的に検証されなければならないと考える。

国立病院機構三重病院の谷口清州臨床研究部長は、「太古から感染症対策は原理的に、①感染源をなくす、②感染経路を遮断する、③宿主の免疫をつけるの三つしかありません」「感染源対策でまず重要なのが、症状のある人を確実に診断・隔離し接触者管理に結びつけることです。その次が、無症状で感染源になっている人の発見です」「感染者が非常にたくさん出てリスクが高い地域・業種・施設にターゲットを絞って集中的にPCR検査をすることが重要になっています」「これまでの『クラスター（感染者集団）だけをきちんと対策していけばよい』という政府方針は崩れつつあります」と述べている（「しんぶん赤旗」2020年8月26日）。

日本ワクチン学会理事の中山哲夫氏は、新型コロナワクチンを外国から輸入せざるを得ないほど立ち遅れた日本のワクチン開発について、「（日本政府には）感染症をワクチンで予防するという発想がなかった」「（新型コロナワクチンの開発は遺伝子技術についての）40年近い基礎研究の積み重ねの上でのこと」「基礎研究に対し国が資金を出さない状況」などを指摘し、「ワクチンは国民の健康を感染症から守るための武器です。その研究開発、感染症対策全体を重視せず後退させてきた政治の責任は大きいと思います」とまとめている（同紙、２０２０年６月５日）。

日本のＰＣＲ検査率はきわめて低水準であり、検査による科学的データの蓄積がないため、有効な感染症対策が立てられない状況が続いた。東京オリンピック・パラリンピック開催のため、感染者数を抑えた発表をしていたのではと疑われる知事や、うがい薬イソジンが感染予防になるというマスコミ発表までした知事もいたりして、新型コロナ対策が政治家のパフォーマンスに利用される事態となった。しかし「やった感」アピールは、現実の感染拡大のなかでそのメッキがまたたくまに剥がれてしまった。「やった感」アピールとして提示された「大阪モデル」も「東京アラート」も、今では言い出した知事たちも含めて誰からも見向きもされない。

この大阪モデルをかつて絶賛していたのが、経済学者の高橋洋一氏（菅内閣官房参事）。高橋氏は安倍内閣の経済政策・アベノミクスを持ち上げて来た御用学者でもある。２０２１年５月９日、高橋氏は変異株の感染拡大で死者が急増する事態について、「日本はこの程度の『さざ波』。これで五輪中止とかいうと笑笑」とツイッターに投稿し、大きな批判を浴び、退職に追い込まれた。

「日刊ゲンダイ」（２０２１年5月11日）は「大阪府１００万人あたりのコロナ死者数『インド超え』の衝撃」という見出しで、以下のように伝えている。「さざ波」どころではない。

衝撃のインド超えだ。世界保健機関（ＷＨＯ）の調査を基に「札幌医大フロンティア研ゲノム医科学」が公開したデータによると、大阪府の直近7日間の新型コロナウイルスの死者数は人口100万人あたり22・6人。日本全体だと同4・1人だから、全国でもダントツで、インドの同16・5人を上回っている（8日時点）

新型コロナ変異株の大流行で第4波の危機に見舞われた大阪府の吉村洋文知事が、個人の自由を制限する法整備を主張したことにたいし、明石市の泉房穂市長は「病床が確保できていないのに、私権制限はやってはいけない。政治家の責任放棄で、失格だ」「知事がやるべき仕事は、まず病床の確保」「確保に約1年間努力をしてこなかった知事のせいだ」と述べた（2021年4月26日付「神戸新聞」）という。

「デイリースポーツ」（2021年5月3日付）は立憲民主党の小沢一郎衆議院議員のツイッターを引用し、こう書いている。「小沢氏は、下村氏（自民党政調会長）が『コロナのピンチをチャンスに』と改憲を巡る下村氏の発言を伝える報道を引用し、『これが憲法記念日に表明された自民党政権の本音』と投稿。『国民の塗炭の苦しみを、自分達が憲法を壊して好き勝手やれるようにするためのいい機会としか捉えていない。この状況下、チャンスなど絶対出てこない言葉。許されない』と下村氏が『チャンス』という言葉を使ったことに憤慨した」。コロナ禍を政治的に利用しようとする人々への鋭い警告である。

また、オリンピック・パラリンピック開催に突っ走る東京都と日本政府について、政治ジャーナリスト・角谷浩一氏はこう書いている。「小池知事も菅首相も、何としても五輪を開催したいという野心が先にあり、科学より政治的な思惑を優先させている。その結果、コロナ対策が中途半端だったり後手後手になるという失態を繰り返してきた。その泥縄はこの1年間で何ひとつ変わっていません。緊急事態宣言はいいですが、五輪のために国民生活が振り回されている。これではコロナ対策ではなく五輪対策です」（「日刊ゲンダイ」２０２1年4月21日）

日本オリンピック委員会（ＪＯＣ）の山口香理事（元柔道女子世界一）は共同通信のインタビューに答え、対話を拒否するかのような政権や組織委員会、国際オリンピック委員会を批判し、次のように述べている。

（２０２１年）５月28日に９都道府県の緊急事態宣言延長が決定し、菅義偉総理の記者会見が行われた。東京五輪への質問もあったが、国民が納得する回答はなかった。そもそも一問一答では議論が深まらず、理解が進まない。五輪開催に多くの国民が不安を抱いているにもかかわらず、政府も組織委員会も国際オリンピック委員会（ＩＯＣ）も対話を拒んでいるように見える。

オリンピックは平和の祭典ではなかったのか。平和への営みは平易ではない。多様な考えの人たちとの粘り強く対話することから始まる。その営みを放棄すれば五輪に意義はない。「いろいろ言っているが、始まれば感動するから大丈夫」という力業での強硬姿勢は平和とは対極にある。

（「京都新聞」２０２１年６月１日）

8割の日本の世論が反対でも、オリンピック開催を強行しようとしている国際オリンピック委員会(IOC)や日本政府、東京都に対し、欧米のメディアは懸念を次のように表明している。

「狂気に近い」――。米紙ロサンゼルス・タイムス(電子版18日付)は、開会式まで10週しかない中で、開催が予定されていることを評しました。

「米パシフィック大学の政治学教授で、サッカー元米国代表のジュールズ・ボイコフ氏は、米紙ニューヨーク・タイムス(電子版11日付)の寄稿で、「科学に耳を傾け、危険な茶番をやめるときだ」と大会中止を主張しました。さらに中止にできない理由について「金、金、金だ。その金のほとんどは、アスリートではなく大会を運営し、放送し、スポンサーする者たちに流れ込む。主催者は公衆衛生のために自分の利益を犠牲にしたくないのだ」と強烈に批判しました。

独公共放送ADR(17日付)は、10万人を超えるボランティアに対する感染対策が「布製マスク2枚、消毒スプレー1本、ガイドブック」だけで、「検査もワクチン接種もない」と報じました。

(「しんぶん赤旗」2021年5月23日)

日本政府の新型コロナウィルス感染症対策分科会の尾身茂会長ら専門家有志は、2021年6月18日の記者会見で、東京オリンピック・パラリンピックは感染が拡大することを避けるために「無観客が望ましい」という提言を説明した。当初の提言には、オリンピック・パラリンピックの「開催の有無を含めて検討して下さい」という文言が入っていたと明かした。けれど、菅首相が五輪開催をG

7で国際的に表明したことで、「意味がなくなっ」てしまい、内容を変えたという。尾身提言についてはさまざまな意見があるが、筆者は専門家としての矜持を感じる。東京オリンピック・パラリンピックとコロナ禍の問題は、いずれ歴史的に検証されるだろうが、誰がどのように発言をしたのかは記録しておかねばならないと考える。

山宣は政治家になっても、科学的にものごとを見る目を常に持ち続けた。山宣の東大在学中の1918年から20年にかけて世界的に大流行した「スペイン風邪」（インフルエンザ）により、数千万人が死亡した。日本でも軍隊や学校を中心に感染者が広がり約40万人の死者を出すなど、凄惨を極めた。生物学者の卵となった山宣が、「スペイン風邪」とどう向き合っていたかについては、本章冒頭を参照してほしい。

2　第二次世界大戦におけるアメリカの戦死者は約29万。日本の戦死者は300万人を超え、アジア全体では2000万人を超える尊い命が犠牲となった。

3　内務省衛生局編『流行性感冒』（1922年）によれば、日本でのスペイン風邪流行にも3回の波があり、約40万人が亡くなったとされる。

4　菅自公政権による日本学術会議会員任命拒否問題（「学問の自由」への干渉）問題で、学術会議会長を務めたことのある山極寿一氏は「京都新聞」（2020年10月26日）「天眼」で次のように述べている。
「1950年と67年に日本学術会議は科学者が戦争に加担してしまった反省から、「軍事目的のための研究は行わない」という声明を出している。戦後75年にわたって平和を維持してきた日本独自の科学者倫理であり、私が会長になる直前に日本学術会議はこの声明を継承する旨の意思を表明した。
政府はこれが気に入らなかったようで、会長になってから私は度々「政府に協力的でない」と不満を表明されてきた。今回の任命拒否がこれに起因するとは思いたくないし、政府がアカデミアを政府の思い通りに動かそうとしているなら言語道断である。民主主義国家でアカデミアの人事に今回のような国家の露骨な介入を許している国はない。国家の政策への反論も含めて多様な意見を認めるのが民主主義国家の在り方であるし、将来への柔軟な選択肢を持つことにつながる。今回の暴挙を許したら、次は国立大学の人事に手が伸びる。政府に猛省を促したいと思う」

提言の作成に参加したのは、阿南英明、今村顕史、太田圭洋、大曲貴夫、小坂健、岡部信彦、押谷仁、尾身茂、釜萢敏、河岡義裕、川名明彦、鈴木基、清古愛弓、高山義浩、舘田一博、谷口清州、朝野和典、中澤よう子、中島一敏、西浦博、長谷川秀樹、古瀬祐気、前田秀雄、吉田正樹、脇田隆宇、和田耕治の26人。

第2章

野党と市民が共同する時代の到来と山本宣治

1　日本共産党大会での立憲民主党・安住淳氏のあいさつ

日本共産党機関紙「しんぶん赤旗」の一面下のコラム〈潮流〉（2020年1月15日付）は、「その瞬間（とき）」の思いを率直に伝えている。

驚きました。ここで「山宣」こと山本宣治の話が出るとは。日本共産党の党大会に招かれた立憲民主党の安住淳・国対委員長があいさつで切り出しました。戦前の軍国主義による国民弾圧のなかで命を燃やした山宣。つねに大衆とともにあったその姿を胸に刻みながら、一緒にがんばりたいと。生誕の節目に彼の本を読み、風雪に耐え国民のためにたたかった人生に思想の違いをこえて感動したと、あとで語っていました。

「彼は聴衆の心をわしづかみにした」と、その場を知る人は言う。

安住氏は日本共産党第28回党大会（2020年1月14～18日）の来賓あいさつの冒頭に山宣を紹介し、彼の生きる姿勢について「社会の片隅に追われた人々のために命を燃やし、政治家としての人生を全うした」と述べ、山宣の墓碑銘「山宣ひとり孤塁を守る。だが私は淋しくない。背後には大衆が支持してゐるから」を議員会館の自分の部屋に飾ったことにも触れ、「山本宣治が貫いた、常に大衆とともに生き大衆のために立ち上がる信念を胸に刻み込みながら、皆さんと一緒にたたかっていきたい」とまとめたのである。

山宣のような生き方は、労農党や今で言えば共産党のような政党に近い人にしか共感を得られないのではないかと、筆者はどこか心のなかで思ってきた。安住氏のように、まったくストレートに山宣について感じ表現するということが、非常に新鮮に映った。

安住氏だけではない。平野博文・国民民主党幹事長、吉川元社民党幹事長、伊波洋一・沖縄の風代表、嘉田由紀子・碧水会代表、中村喜四郎・特別ゲストなどが、政党会派の多様性を認めることや、多様性のなかの統一こそが強靭な野党共闘の基本になるのだと語ったのである。多様性があるからこそ、強固なのだという主張だった。

本章では市民と野党との共闘の時代に、俄然注目を集めるようになった山本宣治の生き方と理論について、新しい視点から見つめてみよう。

2　山宣暗殺翌日の川崎安之助議員（立憲民政党）の国会での追悼演説

山宣暗殺（1929年3月5日）の翌日（同年3月6日）、第56帝国議会衆議院本会議において、若宮貞夫議員（立憲政友会）と川崎安之助議員（立憲民政党）の2人が追悼演説を行っている。そのうち、インターネット（帝国議会会議録検索システム）で公開されている川崎安之助の演説の現代語訳（「議院議事速記録第26号」）を掲載する。なお、傍線は筆者の引いたものである（改行も筆者）。

今までこうした追悼演説は注目されてこなかった。それは私たちが山宣をいつも高い山に置いて、当時の野党の人びとが山宣をどう見てきたかを考察しなかったからかもしれない。安住淳氏の来賓あいさつのなかの「非礼を顧みず申し上げるならば、そびえたつ山からようやく皆さん（日本共産党）に降りてきていただいた」という言葉にはっとした思いを持ったのは筆者ひとりではないだろう。

川崎安之助代議士（立憲民政党）の国会での山宣追悼演説

私は山本宣治君と選挙区を同じくするが為に、諸君のお許しを得まして一言哀悼の辞を述べたいと思います。

山本君は昨日当議場に居られたのであります。然るに僅かに四時間の後に於きまして、只今若宮君よりお述べになった如く、不慮の凶刃に斃れられたのであります。その経歴は既に若宮氏よりお述べになった如く、実に学殖富贍なる所の好紳士であります。その資性は温厚篤実の人であります。実に学究として申分のない所の方であったのであります。この人が一朝凶刃に斃れられた、吾々はその理由の何れに在るかと云うことを知るに苦しむのであります。山本氏は決して個人として人の怨を受けるような人でないと云うことを、私は固く信ずる者であります。

伝うる所によれば、山本氏の加害者は詰問状なるものを残して居るようであります。その内容を見れば、既ち山本氏が衆議院議員として執られた所の行動に対して、数個の点を挙げて詰問して居るようであります。私はこの事項が果たして眞なりや否や、そう云う事を今ここで詮索する必要はないと思います。併せながらこの中には或は誤解を受け、或は誣妄に類する所の事もあると思います。

そう云う事は兎に角に致しまして、山本氏は既ち職務の為に斃れたのであります。衆議院議員としての行動に対する為に加害されたのであります。（拍手）私は思います、衆議院議員として議会開会中に殺害された所の人は、議会開けてより未だ無いように思うて居ります。寧ろ山本氏が嚆矢であるのであります。この点に於きましては、私共は実に山本君に対して同情の念に堪えないのであります。（拍手）併せながら男子苟も確乎たる信念を持って国務の上に尽瘁する以上は、仮令誤解にせよ、誣妄にせよ、職務の為に斃るると云う事は、これは一つの会心の事であろうと思います。（拍手）

山本氏は前途なお春秋を有って居る所の人であります。その年は数え年僅かに四十一年と云う壮年であります。今日この人を失ふと云うことは、実に我国憲政の為に吾々は惜まなければならぬ事であろうと思います。併せながら所謂人は一代、名は末代であります。今や山本君の形骸は北芒一片の煙となるも、その芳名は永く千載に朽ちざる事と存ずるのであります。（拍手）この点から考えますれば、山本君の霊も、また以て地下に冥することが出来るだろうと思います。（拍手）謹んでここに弔辞を述べます。（拍手）

「山本宣治君と選挙区を同じくする」とあるように、川崎安之助は京都府乙訓郡大山崎村（現在の大山崎町）出身で青年時代は自由民権運動の活動家でもあった。大山崎村長もつとめており、その後京都府議会議員、１９０８年に衆議院選挙に立憲政友会より立候補して当選した。当選回数５回。尾崎行雄らとともに政友会を離党し、憲政会、立憲民政党の創立に加わっている。

川崎が「山本氏は既ち職務の為に斃れたのであります。衆議院議員としての行動に対する為に加害されたのであります。（拍手）私は思います、衆議院議員として議会開会中に殺害された所の人は、議会開けてより未だ無いように思うて居ります」「我国憲政の為に吾々は惜まなければならぬ」と述べているように、現職の代議士が議会開催中に暗殺されるという前代未聞のできごとであり、日本の憲政、民主主義への川崎の危機感を感じることができる。立憲民政党は当時の左翼用語で言えば「ブルジョワ政党」であり「支配者の政党」ということになる。そのため、今まで川崎の山宣の死にかんする言動は注目されることはなかった。だがそれは違うのではないか。

3月6日付「大阪毎日新聞」には、旧労農党系以外の無産政党の代議士の談話が掲載されている。こうした人びとの意見も今までは取り上げられることが少なかった。そのなかで、京都1区で労農党より立候補し当選した、水谷長三郎の談話を現代文にして掲載する。

特別議会には同宿だった　水谷（長三郎）代議士談

今日議会で午後六時ごろ別れたのに全く夢のようです。君らとは七、八年知り合いで同じ京都で立場も同じである。特別議会開催中には神田御茶ノ水岩見旅館に泊まっていて一緒によく逃げ歩いたものです。今党は分裂したが個人的の関係は依然として密接なものであったのに残念です。山本君の死によって無産党議員は萎縮しましょう。

談話の多くは、「犬死でない」（大山郁夫）、「主義のために倒れるのは（山本）氏が年来の希望だった」（賀川豊彦）、「信ずるところに邁進して倒れるのは男子の本懐」（河上肇）など、山宣を殉教者として称えるものが多かったなか、水谷長三郎の「無産党議員は萎縮しましょう」という談話は自分の感情に率直であり、現実は水谷の指摘通り歴史は進んだ。なお、戦後水谷は社会党右派に属し、片山内閣や芦田内閣では商工大臣をつとめた。

3 「立憲主義の危機」～「大阪朝日新聞」「大阪毎日新聞」

3月7日付「大阪朝日新聞」は立憲主義の立場から、次のように山宣暗殺事件についてコメントしている。

三月七日付「大阪朝日新聞」

旧労農党所属山本宣治代議士が議会開催中、しかも帝都のまんなかで一暴漢のために刺し殺されたことは、何ともいいようもなく、何と驚きようもないほどに、無謀な残忍な出来事である。これを伝え聞くものは誰も公明正大な立憲政治のもとから、突如暗黒な無政府の恐怖時代につき落とされたような気がしたであろう。不幸なる被害者個人に対する私情はともかく、かくして立憲治下において、言論の自由が、いつどこで命とりの伏刃に待ちうけられているかも知れないという不安と危険とに対し、憲政のために慄然たらざるを得ない。

立憲主義とは、憲法は国家が個人の権利を抑圧することを制限し人々の権利を守ろうとする考え方のことで、現在の日本国憲法もその立場に立っている。国家が個人の思想をすら抑圧するのが治安維持法であり、その死刑法への改悪に反対していた急先鋒が山宣だった。「大阪朝日新聞」のコメントは、立憲主義の危機を訴えるものだった。前日の「大阪毎日新聞」も、「暗殺の風評にも護衛を付けぬ手落　今暁二時半に至るまで密議して　警視庁極度に狼狽す」の見出しをかかげ、国家権力の責任に言及している。

3月7日付「大阪毎日新聞」には立憲主義の立場から、田中義一内閣（政友会）を批判する野党・立憲民政党などの議会質問を取り上げている。抜粋して転記する。

警視総監を首切り　内相は引責辞職せよ　山本君の凶変に緊急質問　民政の横山君叱咤し議場騒ぐ

横山勝太郎君（民政）

内相の述べた一片の弁明（弔意と事件の概要報告のこと・筆者）で満足することはできない。山本君の悲惨なる死に方を見るときかかる犯行をあらかじめ防止し得なかったのは当局の大失態である。かくては当局に対する信頼は全く消滅するであろう。立法府の一員たる議員が暴民に一人に襲われ、ついに命を落とすというが如き事態の発生は、まさに現内閣の責任であらねばならぬ。

と叱咤すれば津雲君（政友）「ばか！」と怒鳴り、民政席「なにがばかだ、貴様は共犯だろう」と応酬す。

横山君

（一部略）山本君の身辺にかくのごとき残虐が行なわれたのは内務大臣の議会における言明に何等の価値なきを証するものだ。直接責任の地位にある宮田警視総監は即時罷免すべし、その上にある内相もまた……

立憲政友会横山議員の質問を受けるかたちで、無産政党である日本大衆党と社会民衆党は協議の上、それぞれ声明を出した。「無産党議員たちは喪章を巻き登院」と3月7日付「東京朝日新聞」は報じている。日本大衆党の加藤勘十ら3人は決議「代議士山本宣治氏の不慮の死は単なる偶発事件に非ずして反動政治の意識的計画的行動の現れなりと信ず。我等は大にしては反動政治の張本人であり、小にしては事件当面の責任者である内務大臣並に警視総監の処決を促す　昭和四年三月六日」を発表した（3月7日付「読売新聞」）。同紙の見出しのみを転記する。

山本代議士の横死と無産各党の態度
内相並に総監の処決を迫る
日本大衆党の三氏が決議文を突きつけて
大衆、社民両党　声明書を発表す　単なる偶発事件と見做さず

山宣の所属していた旧労農党とは対立していた無産政党（日本大衆党、社会民衆党）が最大野党の

立憲民政党とともに、山宣暗殺の責任をとって内相、警視総監の罷免を求めて共同行動したのである。

4　3月8日の仏教青年会館（東京）での山宣告別式

「大阪朝日新聞」1929年3月8夕刊は、同日午後に仏教青年会館（東京）で開催された山宣告別式の様子を次のように伝えている。

午後一時十五分破れるような拍手を受けて大山郁夫氏が壇上に起ち開会の挨拶を述べた。ついで親戚総代山中平治氏が挨拶のため壇上に起って「山本君は……」とまでいったがあとは迫り来る悲しみのため声が出ずそのまま降壇した。大山郁夫氏労農同盟代表として棺の前に二歩ばかり進んで力強い沈痛の声をしぼって弔辞を述べた。その一語一語に場内は深い哀愁に水の如く静まる。ついで元田衆議院議長が低い声で衆議院を代表して弔辞を述べ、更に第一控室を代表して尾崎行雄氏が弔辞を述べ、河上肇博士も起って弔辞を贈った。

しかし、実際の告別式は警察の発言中止命令などもあり、弔辞・弔電がほとんど中止させられる異常事態のなかで行なわれたものだった。川崎安之助と同会派に所属する尾崎行雄代議士の弔辞文は筆者の元にはない。一度ぜひ読んでみたいと思っている。

山宣研究者の佐々木敏二氏は「実際の告別式は、元田衆議院議長や尾崎行雄の弔辞は『お前は敵だ！』『お前が殺したのだ！』という大衆の怒号のなかに葬られ」と書いている（『山本宣治』下、1989年、不二出版）。3月9日付「東京朝日新聞」は、尾崎は河上肇の山宣追悼演説の最中にシルクハットをかぶったまま悠々と式場に入り、人びとから抗議を受けたと伝えている。河上肇の弔辞は冒頭の「君の流されたる血は全国の同志をして更に深刻なる決意をなさしめ断固たる闘争の」で警官により中止させられ、これに抗議する多数の声が上がっているなかで、尾崎のシルクハックが見えたので、それが怒号につながったのではないか。

大山郁夫の弔辞（1929年3月8日）は次のようだった。長文なので、一部を抜粋する。大山はのちアメリカに亡命、戦後の1947年に帰国し、50年の参議院選挙に日本共産党、社会党などで構成する民統（全京都民主戦線統一会議）の支持を受けて当選。民統は同年に京都で蜷川虎三民主府政を誕生させる母体ともなった。

赤旗につつまれた戦士の遺骸　大山郁夫

同志山本は、洛外宇治の旅館「花屋敷」の若主人として育ったので、若し階級戦に突入しないでいたならば、刺客の兇刃に倒れる代わりに、今頃は定めし山紫水明の地に平和な生活を享楽していたことであろう。のみならず、彼は彼のものであった同志社大学講師および京都帝国大学講師の椅子も永く持ち続けて、学界に相当の感銘を馳せていたことだろう。

だが、その温厚なる外貌と優雅な京都弁にも似ず、内心に一片鉄の如き侠骨を蔵していた彼は、かつて少年時代に父の扶助を自ら切り、アメリカに奔って苦学し、後帰って東大理科に学び、卒業後大学院で研究を続け、傍ら小ブルジョアの羨望の的になるには余りある地位を贏ち得ていながら、一たびその飽く迄真摯なる研究態度によって戦闘的唯物論を戦い取ってからは、敢然階級闘争の渦巻の中に身を投じ、世俗的栄誉と家庭における安易な生活とを一擲して、弾圧の放火の中をまっしぐらに戦い進み、遂に荒れ狂う白色テラーの餌食となって倒れるに至ったのだ。
（田村敬男『追憶の山本宣治』１９６４年、昭和堂）

5　京都三条青年会館での山宣・渡政労農葬

山宣の葬儀や追悼企画のうち、当時非合法だった日本共産党や、旧労農党関係者が山宣暗殺より10日後の三・一五共産党弾圧事件1周年の日に開催することを呼びかけた、「渡政・山宣労農葬」（１９２９年3月15日）がよく知られている。京都三条青年会館で開催された「山宣・渡政労農葬」は、京都での葬列が示威行動だという理由で禁止されてしまった。それでも地元宇治町では、人数が制限されたかたちで葬列は許可された。しかし、前夜まで山宣の遺骨の到着していた花やしきに出入りしていた活動家は、片っ端から検挙されていたので、葬列に参加したのは小岩井浄、奥村甚之助ら70人ほどだった。

佐々木敏二『山本宣治』によれば、花やしきを出発した葬列は次のようなものだった。葬列の沿道には人びとの黒山ができたという。

……葬列は山中平治が遺骨を捧じ、母多年、千代未亡人、次男浩治、長女治子、次女美代をはじめ「花やしき」の女中仲居一同が盛装で参加し、葬列の先頭を無産団体代表者と二〇名の労農同盟警備隊でかため、弔旗や組合旗は警察の命令をまもり一切持たず、午前九時「花やきし」を出発、宇治駅に向った。七〇名ほどの葬列を一〇〇余名の制服、私服の警官が厳重に包囲した。

（『山本宣治』下）

「山宣・渡政労農葬」で読まれる予定だった河上肇博士の追悼の言葉は以下のようなものだった。東京の告別式で中止されられた追悼文と同文である。京都での追悼文も中止命令で発言できなかった。

山宣追悼の辞　河上肇

同志山本宣治のなきがらの前に立って、私は謹んで告別の辞を述べる。

君の流された貴き血しほは、全国の同志たちに向って更に深刻なる覚悟を促し、断固たる闘争の決意を百倍にし千倍にした。君は何がゆえに、如何なる階級のために、如何にして殺されたかを、残された同志は、はっきりと意識しているからだ。吾々は君と別れることを深く惜しむが、しかし君の死は決して無益ではなく、また君の後に続く無数の同志が決してこれを無益にしない筈だ。私は同志の一人として、君が全運動のために献げられた貴き犠牲に対し、ここに満腔の敬意と限りなき感謝の意を表せんとするものである（『追憶の山本宣治』）

戦後宇治市長になる池本甚四郎は、宇治町小倉村で発行していた「郷土」（1929年3月15日）という新聞に山宣暗殺についてこう書いている。抜粋する。

山宣暗殺事件十日後の池本甚四郎の文

それに就ても、かの共産党事件（山宣暗殺前年の三・一五事件のこと）の内容を未だにハッキリさせないのはどうしたことか。

政府は初め同事件を極めて重大のようにいい廻し、危険危険を連呼したが、今以って繕った詳報を公表せず、我々国民は唯断片的な各地の公判記事より外に知る由がない。

こんなことで無智な輩が彼是思い違いをして、こんな事件も起こるのではないか。

政府の最初の声が真に政略的でないならば、もう一切を発表してもよいと思う。

次には履き違えの右翼暴力団を徹底的に取締って貰いたい。あんなものの考えは、国粋でも何でもない。唯徒に人心を挑発し却って国家を害するのみ。腕や口上で思想が防げると思うのは封建時代の痴漢の夢である。

終りに、日本大衆党の声明書の一節を掲げて本稿の結びとする。「我等は山本氏の犠牲が単なる一暴力団体の所為にあらずして、反動的暴力政治の表現なりと信ずる」

河上肇の弔辞が労農運動の同志たちを鼓舞する響きに満ちているのに対し、池本甚四郎の文章は、政治反動への憤りが基軸になっている。池本の指摘は非常に的確だった。28年の共産党事件以降、京都では国粋会、建国会などの右翼団体の活動が活発化し、4月13日には建国会員14人が「国賊共産党を倒せ」と大書した白旗をかかげながら労農党京都府連事務所を襲った。国粋会も山宣ら労農党代議士に対する辞職勧告決議分を作成し、議会に提出するなどの活動を行った。政府が弾圧の正当性を与え、結果的に右翼暴力団を煽ったのである。池本のいう「一暴力団体の所為にあらずして、反動的暴力政治の表現なり」とはそういう意味だった。

荻野富士夫氏は、三・一五共産党弾圧事件を契機にして、社会運動弾圧機構が確立したと述べている。

戦前治安維持体制を支える主翼の位置にあったのは、法令としては治安維持法であり、機構・機能としては特高警察と思想検察でした。これらにより「思想犯罪」は警察による長い内偵捜査を経て、検挙―検察―公判―行刑という流れで「処理」されていきました。特高警察は警察全般のなかで、思想検察は検察・司法全般のなかで、「国体」にかかわる犯罪を取締るゆえに責任と自負が強く、それぞれの中枢的位置を占めることになりました。社会運動の抑圧と取締りに限っても、他に思想憲兵および「教育警察」とも称せられた学生主事・生徒主事の存在、その司令部ともいえる文部省学生部（のち思想局、教学局）を見逃すことはできません。

（荻野富士夫『よみがえる戦時体制〜治安維持体制の歴史と現在』２０１８年、集英社新書）

6　治安維持法の改悪に反対した170人の議員たち

男子普通選挙法と同時に成立した治安維持法は、特高警察の暴力を伴い、猛威を振るったが、それでもひるむことなく獄中で闘う活動家もいた。これに対して、政府は1928年6月29日、議会にかけることもなく、緊急勅令（天皇の命令）をもって治安維持法の最高刑を「死刑もしくは無期懲役」とした。

政府は23年にすでに北海道、京都、愛知、神奈川、兵庫、福岡、長崎、山口、長野にあった特高課（大阪はそれ以前）を全県に拡大、憲兵隊内にも思想係を配し、弾圧体制をさらに強化した。

緊急勅令は事後承諾案件として、翌29年1月の第56議会に提出された。法案は政友会7人、民政党7人、新党クラブ2人、無産党1人からなる委員会で審議され、民政党の斉藤隆夫、内ヶ崎作三郎、水谷長三郎（旧労農党解散後は労農大衆党を結成）が反対したが、政友会と新党クラブの妥協により、法案は委員会を僅差（9対8）で通過した。与党政友会内にも伊藤仁太郎ひとりが法案に反対したが、ようやく3月2日に衆議院本会議に上提された。政友会が賛成、民政党の斉藤隆夫が反対討論を行った。斉藤は日中戦争に反対、立憲主義を擁護する「反軍演説」（1940年）を行ったことでも著名な政治家である。斉藤の反対討論のとき傍聴席から治安維持法反対のビラがまかれたため、議場は騒然となり、採決は3月5日に延期された。

斉藤隆夫の反対討論は次のようなものだった。

「刑罰の目的は犯罪者を苦しめるにあらずして、犯罪者の身体を保護し、精神を教養し、犯罪者の人格を向上せしめて、以て一般の国民と共同の生活が出来るやうにする」
「一度殺したならば、刑罰の目的といふ者は、全然達することが出来ないのであります」
「国民の代表の承諾を得ずして、殺人法を制定するが如きは、政府として大いに警めなければならぬのであります」（内田博文『戦争と刑法　戦時治安法制のつくり方』2015年、みすず書房）

斉藤らの反対討論とは別に、山宣も反対演説を準備していた。だが、発言は封じられた。山宣の遺稿が残されているので最後の部分のみを紹介しよう。

治安維持法事後承諾案件に反対する山宣の遺稿

……言はば国事犯といふ事は、決して犯罪ではない。それは反対党に貼りつけたところの俗悪な名である。思ふやうになる立法機関及び緊急勅令奏請権を一体とした支配階級の政権が、高潔なる共産党員に投げつけた泥であり汚名である。政治犯とは、このやうなものであるが故にこそ、わたしくは、このやうな政治犯を製造しやうとするところの治安維持法を、悪法だといふし、また、この緊急勅令の将来に対する効力に向って、どこまでも反対するのである。これこそは戦闘的労働者農民が、この山本宣治をして、このブルジョア議会で叫ばしめるところの叫びである。山本宣治は、かかる理由にのもとに、前衛殺戮のための悪法の権化である治安維持法にたいして、絶対反対を表明するものである。

3月5日、衆議院本会議では水谷長三郎が反対演説を行っている最中に、与党政友会から打ち切り動議が出され、採決の結果、249対170で治安維持法事後承諾案が可決された。じつに、反対170票だった。

山宣は治安維持法そのものへの絶対反対の立場だったが、他の議員たちもまた程度の差はあれ、治安維持法が死刑法になることへの危険性を指摘し、反対したのである。従来、この点での私も含めての認識が不十分だったような気がする。

好戦的な論調で知られた「東京朝日新聞」の社説でも、「緊急勅令をもって人を死刑に処するということは、前代未聞、而して必ず絶後となるべきことである」と治安維持法の死刑法改悪の無謀さを説き、これに反対する論をはった（松尾洋『治安維持法～弾圧と抵抗の歴史』1971年、新日本新書）

山宣は選挙戦では圧倒的多数の人びとの支持を得ていたし、議会でも1人で治安維持法改悪に反対していたのではなかった。

7　韓国語版『民衆とともに歩んだ山本宣治』（宇治山宣会）の刊行

1980年代、軍事政権下の韓国の民主化闘争のなかで、小林多喜二の『蟹工船』や『一九二八年三月十五日』『党生活者』がハングル語に訳され読まれていたことを発見したのは、茶谷十六氏（民族芸術研究所）である。2008年第43回秋田県多喜二祭では「80年代韓国民主化闘争の中で息づいた多喜二の文学」をテーマにパネルディスカッションがもたれ、韓国から李貴源（翻訳者）・李相焚（出版人）両氏を招き茶谷氏との3人での座談会が開かれた。

戦前の上海で中国の革命家たちが内山書店で購入した日本語の社会科学書を読み、中国革命への理論的確信としたことについては、拙著『魯迅の愛した内山書店〜上海雁ヶ音茶館をめぐる国際連帯の物語』（2014年、かもがわ出版）を参照してほしい。この本を書く動機のひとつに、茶谷氏のハングル語版『蟹工船』の発見があった。

2019年、その韓国でハングル語版『民衆とともに歩んだ山本宣治』（宇治山宣会著、かもがわ出版）が出版された。本の推薦文を日本共産党国対委員長穀田恵二氏が次のように書いている。穀田氏は京都1区に立候補してきた衆議院議員（近畿比例当選）で、本稿第2章に書いたように山宣の墓碑銘のことを立憲民主党の安住淳氏に紹介した人である。穀田氏の推薦文を抜粋する。

宇治山宣会が発行したこの山宣冊子は、日本が侵略戦争と植民地支配に向かう暗黒の時代、平和と民主主義を求めて闘い抜いた山本宣治の生涯と、支えた民衆の姿を活写した優れた書です。

また、「日本国民を無権利状態においてきた天皇制の専制支配を倒し、主権在民、国民の自由と人権をかちとるためにたたかい」「侵略戦争に反対し、世界とアジアの平和のためにたたかった」「日本帝国主義の植民地であった朝鮮、台湾の解放と、アジアの植民地・反植民地諸民族の完全独立を支持してたたかった」（日本共産党綱領）日本共産党と戦前の日本社会を知っていただく上でも格好の書です。

韓国で山宣の本が出版されたのは、日本の民医連（全日本民主医療機関連合会）と共同しながら韓国でも医療生協の運動が盛んになり、そのなかで民医連の源流である無産者診療所が注目されるようになってきたからである。無産者診療所は、山宣暗殺に抗議し、たたかいに傷ついた人たちと貧困にあえぐ人たちのために1930年に創立された。日本のたたかいが、戦後の韓国社会に影響を与えているのである。

2019年末ソウルで、筆者はセウォル号沈没の大惨事を追ったドキュメンタリー「ダイビングベル」映画監督・安海龍氏から、80年代の韓国軍事政権下での貴重な話を聞くことができた。安氏はとつとつと言った。

「韓国では軍事独裁政権によりマルクス主義の本の出版は禁止されていました。私たち学生は新日本出版や大月書店という日本の進歩的出版社の刊行するマルクスの本などを日本語で読みました。こうした学習が私たちの民主化運動の大きな力になりました」

2020年に平井美津子さん（子どもと教科書大阪ネット21事務局長）の日本軍慰安婦問題の授業実践をまとめた著

淀川勤労者厚生協会（民医連）社保平和学校の皆さんと（2019年12月27日　山宣墓前にて、左端が筆者）

作が韓国で翻訳出版された。日韓市民のあいだでの歴史問題についての交流は、確実に深まっている。

8　山本宣治への新たな光～分断を乗り越えるために

日本共産党中央委員会理論政治誌『前衛』（2020年9月号）では安住淳立憲民主党国対委員長、穀田恵二日本共産党国対委員長に原口一博国民民主党国対委員長（当時）が加わり、国会と山本宣治について鼎談している。

原口　山宣さんの言葉にある通り、大衆とともに私たち野党がたたかうことができた国会、これが一番の特徴だと思います。では、大衆とともにどういうテーマでたたかったかというと、まさに自由と人間の尊厳を守るためのたたかいだったと思います。

安住　この国会だけで言うと、やはりネット社会のなかで、議会のリアルパワーが少なくても、その声を背にすればやっていけるということを証明できた。それは昭和四年に山宣さんが言ったことなのです。

原口　沖縄に行くと、瀬長亀次郎さんの記念館（不屈館）があります。山宣さんの言葉もそうですが、「ああ、やはり私たちの歴史のなかにはすごい人がおられるんだな」と思います。それは、どんなことがあっても諦めない、そして、どんなことがあっても社会や世の中を絶望させない政治家の姿です。

穀田　山宣いわく「背後には大衆が支持してゐるから」の言葉は、「ともに国民が支持し声を上げる」と呼びかけていると思います。

発言者の名前を隠すと、所属政党名がわからなくなるほどの深い山宣理解である。ふたたび『前衛』（２０２０年９月号）の安住・原口・穀田鼎談に戻ろう。

安住　われわれ自身、一度、民主党で政権を担った人間はたくさんいます。そのなかで国民の信頼を得られなかった挫折というものがあります。そういう問題を全部乗り越え、克服し、一つに固まって、オリンピックや万博に象徴される高度経済成長型社会――何が何でもとにかくガソリンをガンガン焚いて、CO_2が問題になれば原発を推進してというような、言ってみれば経済を拡大していく路線――に対して、本当の豊かさや本当の幸せは何かという、そういう軸を、きちんと国民に訴えられるかどうかということだと思います。

原口　瀬長（亀次郎）さんから学んだことを言えば、分断されるのではなく、団結することです。私たちは戦争に負けた後、ずっと野党の方が分断されているのです。アメリカの「戦争屋」と、それに従属するものが正しい「保守」だと言って、そしてときどき北朝鮮の危機を煽って、これを買え、これも買えとＦＭＳ（対外有償軍事援助）をどんどん広げてきた政治に分断されてきたのです。

私はこの共闘がスタートする前は、正直いうと共産党さんの方に変わってほしいと思っていました。でも、変わるべきはそういうアメリカの「戦争屋」だったのです。アメリカのなかでもそこがわかってきました。「世界中の自由にためにたたかっていると思ったら、実際には自作自演の戦争に加担させられていたのだ」とアメリカに行くと多くの人たちが言っています。

穀田　私にとって、大事だなあと思ったのは、日本維新の会の議員が本会議で「共産党が破壊活動防止法の調査対象となっている」と質問したのに対して、安倍さんが「現在も暴力革命の方針に変更はない」などと答弁したことに、野党がみんなで抗議をし、翌日、野国連（野党国対委員長連絡会）の会議も開いて、撤回を求める意思を表明したことです。あのとき、安住さんは、「公党に対する侮辱であり、そして民主主義の破壊だ」と表明されました。また、原口さんが「公党に対する誹謗中傷であり、安倍首相は壊れている」と批判されたことは、重要なことだと思っています。共産党へのいわれのない侮辱に対し、民主主義に反する攻撃だと抗議した。野党の結束は、反共が分断の刃にならないことを示したのです。

戦後最悪といわれる安倍自公政権とそれを引き継ぐ菅自公政権。これに対抗する市民と野党との共闘の構築のなかで、山宣が語られるようになったのである。

9　新しい時代、山宣の生き方と理論に学び実践する

筆者は長年山本宣治を研究してきたが、「山宣ひとり孤塁を守る。だが私は淋しくない。背後には大衆が支持してゐるから」という墓碑銘から、孤独に耐え歯を食いしばっている山宣像を勝手に描いてきた。それはじつは自画像の投影でもあったのかもしれない。

日本共産党第28回党大会で来賓あいさつに立った立憲民主党の安住淳氏は、この山宣の墓碑銘につなげて、「失礼を顧みず申し上げるならば、そびえたつ山からようやく皆さんに降りてきていただいた。同時にわれわれも、常に弱者に寄り添う視点を持ち続ける政治姿勢を、皆さまから教えられてきました」と語った。そして本書48ページでも引用したように「山本宣治が貫いた、常に大衆とともに生き大衆のために立ち上がる信念を胸に刻み込みながら、皆さんと一緒にたたかっていきたいと思います」と結んだのである。

大衆に支持され、大衆に愛され、大衆とともに生きることこそ、山宣最大のメッセージなのだと逆に教えられた気がした。市民と野党との共闘の深化とは、互いに学びあうことなのだと、改めて考えさせられたのである。

２０２０年2月9日、東京都内で開催された「小沢一郎政治塾」で20周年記念特別講演を行った日本共産党委員長志位和夫氏は、共闘路線への転換について語っている。

日本共産党は党をつくって98年、国政で独自路線を通してきたことについて「それは一つの筋

だった」と振り返りつつ、この数年来、「それでは情勢に対応できない」と、２０１５年９月に共闘路線に転換したことを語りました。そのきっかけが、「オール沖縄」の経験と、安保法制に反対する市民の運動から湧き起った「野党は共闘」のコールだったと述べました。

（「しんぶん赤旗」２０２０年２月11日）

志位氏は激動する情勢のなかで、方針を変えたことを率直に述べたことになる。これは、日本共産党自身の「成長」でもあった。

安住氏の新たな山宣像提示は、経過を見れば、日本共産党の「共闘路線」転換が一つのきっかけになっていたことになる。本書では山宣暗殺について、旧労農党以外の無産政党、あるいは立憲民政党からの受け止め方について歴史研究の対象としてこなかったことを自省も込めて書いてみた。情勢を正面からとらえながら研究することの大切さを志位氏の言葉から学んだ。

最後に山宣自身の「成長」について述べておこう。２０１９年は山宣生誕１３０年（没90年）の節目の年であり、５月25日（日）の山宣生誕祭の記念講演（宇治市生涯学習センター大ホール）を日本共産党の市田忠義副委員長・参院議員にお願いしたところ、「山宣の生きた時代と現代」と題した講演を快く引き受けていただいた。市田氏は、「山宣の生まれ育った地で活動してきた一人として、語らなければと思った」と述べ、山宣の生涯を詳細に語った。２００人の皆さんが、時おりユーモアを交えた絶妙な話に聞き入った。安倍政権が民主主義破壊をすすめる今だからこそ、天皇制の暗黒時代にたたかった山宣の生きざまを今こそ語らねばならないという市田氏の気迫が伝わってくる講演となった(加筆・整理された講演全文は『前衛』2019年8月号所収)。市田講演のなかの「労働農民党への参加」の部分を抜粋する。

こうして第一回男子普通選挙が実施されるのに向けて、労働組合や農民組合などが「無産政党」を結成する動きをすすめました。一九二六年(大正一五年)には、当時地下にあった日本共産党の影響を受けていた合法無産政党「労働農民党」が結成されました。山宣は二六年五月、労働農民党京滋支部の結成に参加、教育出版部長に選ばれました。のちに二七年(昭和二年)一二月には、労農党京都府連合会委員長に選ばれました。また、二六年には、日本農民組合がとりくんだ南山城の小作争議の指導にもあたり、それを一つのきっかけとして発展した「議会解散請願運動」、一刻も早く普通選挙を実施せよともとめる運動の全国実行委員長にも就任しました。山宣は、政治運動に直接参加し、そのリーダーの一人となるなど、成長していったのです。

(『前衛』2019年8月号)

1928年2月の第1回男子普通選挙京都第2区(定数3)において、山宣は労農党より立候補し当選した。労農党は京都第1区では水谷長三郎を当選させ、他の無産政党と合わせて約50万票を獲得、8人が当選した。翌3月15日、共産党員とそのシンパの全国一斉検挙が行なわれた。当選したばかりの山宣は思想や政治活動を取りしまる国家権力に対し、国会内外で戦い挑んだのである。

同年3月15日の日本共産党大弾圧事件(三・一五事件)を受け、4月7日には東京で「解放運動犠牲者救援会」（現在の国民救援会の前身）が創立され、山宣は発起人として名を連ねた。ところが、3日後（4月10日）田中義一政権により労農党などへの解散命令が下される。山宣を当選させた母体の政党がなくなってしまったのである。

解散命令のとき、労農党大山郁夫委員長と代議士山宣は鳥取の演説会場にいた。翌11日早朝、大山と山宣は京都に到着、新党準備会を開く。12日に開かれた新党樹立協議会は議事の前に警官に解散を命令され、新党即時結成計画は頓挫せざるを得なくなる。そこで「百たび解散、百たび結党」「闘争を通じて結党へ」のスローガンのもと、全国的に大衆的な新党結成準備会づくりをめざす運動が、当局による厳しい弾圧のなか展開されるようになった。

立憲主義の基礎となる結社の自由を奪われた戦前の日本……。それでも「百たび解散、百たび結党」「闘争を通じて結党へ」と邁進する山宣たち。議会主義を掲げるリベラルな立憲民政党の存在……。1928年2月の総選挙において、無産政党は8人を当選させ、立憲民政党は216議席を獲得したが、政友会に1議席負け、政権側からの切り崩しもあり、政友会・田中義一内閣の継続を許した。

立憲民政党は党内対立を抱えていたが、政友会田中内閣による治安維持法の死刑法への改悪には反対、1929年3月の山宣暗殺を立憲主義の危機ととらえ、特高の親玉にあたる内務大臣の罷免を要求する。立憲民政党の危機感は正しかった。

同年6月、張作霖爆殺事件が起こり、政友会田中義一内閣が総辞職。7月に立憲民政党総裁の濱口雄幸が首相となる。濱口は「軍縮」などの公約を掲げ、翌年衆議院議員選挙を行ない、過半数を獲得した。しかし、同年11月濱口は東京駅で右翼の狙撃を受け、翌年死去する。山宣暗殺はその後に続く右翼テロ事件の発端だったのである。

五・一五事件、二・二六事件などを経て、政党政治は崩壊、議会が戦争にブレーキをかけることができなくなり、戦線は拡大していく。1941年12月には、アジア太平洋戦争が勃発。こうした戦争により、アジアで2000万人以上、日本でも300万人が亡くなった。山宣暗殺の代償はまことに大きかった。

戦後、日本国憲法が制定され、平和主義、国民主権、基本的人権の尊重を柱とする立憲主義国家として再出発することになった。

いま日本は岐路にあるといえる。戦後最悪といわれる安倍自公政権とそれに続く菅自公政権が、立憲主義を否定し行政を私物化する政治を進めている。これに対して、立憲野党の共闘が力強く進んできた。安倍内閣を打倒する野党連合政権の可能性が見えてきたのである。この市民と野党との共闘の新時代に、内外で山本宣治が語られるようになったのは意義深いものがある。山宣が暗殺された場所、東京都千代田区神田神保町の神田

東京山宣会の尽力などで設置された、東京都千代田区「まちの記憶」「山本宣治終焉の地」記念プレート（2019年3月、神田区神保町、筆者撮影）

光栄館跡地に、2019年3月、千代田区が「まちの記憶・山本宣治終焉の地」記念プレートを設置した。

戦前戦後の山宣像の変遷を史料的にたどるとともに、共闘の時代の到来を受け、今こそ山宣の理論と生き方に学び、それを広め、実践することが強く求められている。

第3章

社会運動史研究と社会運動の実践

1 山宣のDNA～立憲民主党国対委員会が第92回山宣墓前祭に寄せたメッセージ

２０２１年3月5日昼に開催された第92回山宣墓前祭について、「京都民報」（3月12日付）がいきいきと伝えている。

戦前、治安維持法と日本の侵略戦争に反対した代議士で、右翼に刺殺された山本宣治（山宣）の命日である3月5日、「第92回山宣墓前祭」（同実行委員会主催）が宇治市の善法墓地で開かれ、雨の中２００人が参加しました。

生物学者・性科学者でもあった宇治市出身の「山宣」は、１９２８年の第１回普通選挙で労農党から当選。帝国議会で治安維持法に反対を貫く中で、29年3月5日、39歳で右翼に暗殺されました。

墓前祭では本庄豊実行委員長があいさつ。戦前の家父長制の時代にジェンダー平等を主張し、治安維持法反対で議会の内外で共同を作ったことは、現代において新たに注目されていると指摘。「総選挙のある今年、山宣のように市民的共同の可能性を信じて歩んでいきたい」と述べました。

新社会党府本部の池内光宏委員長、治安維持法犠牲者国家賠償要求同盟府本部の佐藤和夫副会長、年金者組合府本部の山本和夫委員長、民青同盟府委員会の寺島拓人委員長など、各党、団体が弔辞を読み上げ、献花しました。日本共産党府委員会の地坂拓晃書記長（衆院京都２区候補）

が、「来たるべき総選挙ですべての野党が結集し、力を合わせて新しい政権をつくるため、力を尽くしたい」と決意を語りました。

また、参加者を代表して、昨年12月の宇治市長選挙で健闘した長廻千春さんが、コロナ危機の下で社会や政治のあり方が問われていると述べ、総選挙で市民と野党の共闘を前進させ、政権交代実現へ全力を尽くしたいと誓いの言葉を述べました。

山本家を代表して、山宣の孫にあたる山本勇治さん（九条診療所所長・医師）があいさつしました。

この墓前祭には、宇治市長選挙をともに戦った、無党派の佐々木真由美市議が献花、また立憲民主党国会対策委員会からメッセージが寄せられた（左に全文、傍線は筆者）。今回の山宣墓前祭が、文字どおり市民と野党が共同する象徴的な場となったのである。

山本宣治先生の御命日を迎えて

山本宣治先生の御命日に際し、立憲民主党国会対策委員会を代表して改めて哀悼の言葉を申し上げます。

戦前の圧政によって、言論の自由や大衆運動が厳しく制限をされる中で、庶民とともに歩み、その声を国政に届けようとした山本先生は、暴漢に襲われ享年39歳の生涯を閉じられました。その後の日本は、日米戦争へと突き進み、380万人に及ぶ尊い犠牲を払い、すべてを失うことになりました。

山本先生は、我が国の行く末を案じ、昭和初期の日本社会のあり方に常に警鐘を鳴らしてきました。山本先生のＤＮＡは今、脈々と日本共産党に受け継がれております。残念ながら、戦後の我が国の政治情勢は自民党の一党支配が事実上固定化し、大衆の声なき声が届かない、もどかしい政治状況が続いています。

いまこそ、野党と市民が結集し、山本先生が望んでいた大衆のための政治、貧しきものや決して省みられることのない人に光を当てるための政治を実現するため、政権交代を実現しなければなりません。

本日、山本先生の御命日にあたり、改めて御冥福をお祈りするとともに、「山宣ひとり孤塁を守る　だが私は淋しくない　背後には大衆が支持してゐるから」。この先生の厳冬に凛として立ち上がる姿に思いをおこし、自らを奮い立たせて大衆のために闘うことをお誓い申し上げます。

２０２１年３月15日

立憲民主党　国会対策委員会

委員長　安住　淳

委員長代行　原口　一博

筆頭副委員長　山井　和則

委員長代理　武内　則男

同　黒岩　宇洋

同　奥野総一郎
同　広田　一
同　吉川　元

筆者は山宣墓前祭の実行委員長として、次のような開会あいさつを述べた。

実行委員会を代表しての開会あいさつ

山本宣治さんへ。あなたがテロに斃れてから、92回目の今日を迎えました。

昨年に引き続き、コロナ禍のなかでの墓前祭となりましたが、こうして開催できことを喜びあいたいと思います。

山本宣治さんへ。感染症に翻弄されたこの1年余、あなたに新たな光が当たることとなったのは偶然ではありません。オリンピック・パラリンピック開催と大企業本位の経済活動の再開にこだわった安倍政権は、感染症対策が後手後手にまわり、急速に国民の支持を失い、昨年8月に政権を投げ出しました。安倍政権を引き継いだ、菅政権もまた、日本学術会議会員任命拒否問題にみられるように、科学を権力のしもべにしようと企策しました。こうした非科学的姿勢がコロナ対策の無為無策にもつながることになったのです。

あなたは生物学者・性科学者として出発した政治家であり、科学と政治のかかわり方を常に実践的にとらえていました。産児制限運動を展開しつつ、労働学校での講義などを通して、政治を変えねば女性たちをはじめ日本の労働者農民の苦悩は解決しないという結論に至り、政治家へと転身しました。あなたにとって、科学的知見なしの政治はありえなかったのです。第1回男子普通選挙であなたは当選しましたが、当時投票権のなかった女性たちの圧倒的支持がその背景にありました。

山本宣治さんへ。あなたは戦前の家父長制の時代にジェンダー平等を主張した先駆者としても、注目されるようになりました。生物学者のあなたにとっては、男女平等は当然のことだったのです。いま日本は、東京オリンピック・パラリンピック組織委員会森喜朗会長による女性差別発言に揺れています。居直りを続ける森氏を辞任に追い込んだ力は、全国各地で展開されているフラワーデモなど、ジェンダー平等を求める大きなうねりでした。

山本宣治さんへ。あなたは帝国議会内で治安維持法改悪反対の共同の闘いをすすめるとともに、大衆的な支持を力にして悪法に対峙しようとしました。あなたは当時野党だった立憲民政党や他の無産政党議員、同じ労農党議員と議論しつつ、議会のなかだけではなく広く大衆的な運動を組織しようとしました。治安維持法改悪反対には、帝国議会で170もの反対票が投じられたのです。私はあなたの政治的立場を、「大衆的議会主義」「市民的議会主義」と呼びたいと思います。

山本宣治さんへ。あなたの地元宇治市（2020年12月投票）や宇治田原町（2021年1月投票）での市長選挙・町長選挙で、野党共闘は成立しませんでしたが市民の方がたと日本共産党などの共同による新たな選挙戦が展開されました。この墓前祭では、宇治市長候補だった長廻千春さんがアピールを読み、市民派の佐々木真由美宇治市議が花をたむけます。また宇治田原町長選挙で歴史的な得票、43％を獲得した今西久美子さんも参列しています。

山本宣治さんへ。今年は政権選択をかけた総選挙が行われます。私たちはあなたのように科学に立脚し、あらゆる市民的共同の可能性を信じ、力強く歩み続ける決意です。

２０２１年3月5日　第92回山宣墓前祭実行委員長　本庄豊

2　山宣の「孤高イメージ」の形成と研究者の立ち位置

治安維持法に反対し右翼テロに倒れた代議士・山本宣治について、筆者は長年研究してきた。先行研究者たちの業績に学びながら、戦前の日本共産党系唯一の代議士である山宣について、いつの間にか「悲劇の人」「孤高の人」という潜在的なイメージを抱くようになっていった。没80年の２００９年前後にはそうした観点から3冊の山宣関係書を著わした。

筆者のイメージをぶっ壊したのが、本書第２章冒頭に書いた立憲民主党の安住淳国対委員長だった。日本共産党第28回党大会（２０２０年1月14日～18日）で来賓としてあいさつに立った安住氏は、「山本宣治が貫いた、常に大衆とともに生き大衆のために立ち上がる信念を胸に刻み込みながら、皆さんと一緒にたたかっていきたい」と代議員たちに話しかけたのである。

議員会館の安住氏の部屋には、大山郁夫の書いた墓碑銘（山宣の暗殺される直前の演説文）「山宣ひとり孤塁を守る。だが私は淋しくない。背後には大衆が支持してゐるから」が掲げられているという。日本共産党国対委員長穀田恵二氏から贈られたものだそうだ。従来この墓碑銘について、「孤塁を守る」という部分、山宣はなぜ転向せず信念を貫き通せたのかについて問う研究姿勢をとってきた。それは自分の身近にあった転向問題を、山宣の生きた時代から逆照射したとも言えよう。京都では蜷川虎三民主府政から自民党府政への転換とともに、少ない人びとが革新的立場を捨てたのだった。

安住氏はむしろ墓碑銘の「大衆が支持してゐるから」に感銘を受け、山宣は「社会の片隅に追われた人々のために命を燃やし、政治家としての人生を全うした」と語ったのであろう。立憲民主党の国対委員長が共感する山宣の生きる姿勢とは何か、今まで筆者が描いてきた山宣像と違うものがあるのではないか。当時の資料を求め、何日も国会図書館に通った。

あの暗黒の時代に無産政党や立憲民政党などが山宣の死を追悼し、右翼テロを立憲主義の危機として訴えていた事実を、筆者は軽んじてきた気がする。[6] 情勢の進展が新しい研究の契機となったのである。治安維持法事後承諾案が可決された3月5日夜、山宣は定宿にしていた東京神田の「光栄館」で暗殺される。市民と野党との共闘時代の到来という時代が、歴史研究に新しい光をあてることになった。

山宣研究の進展について発表した筆者の文章を読み、こんな感想が寄せられている。

「私の居住している豊岡市出石町出身の故斎藤隆夫は（治安維持法改悪）追認議案に断固反対し、戦後は国務大臣として現憲法交付に副署した勇気ある立憲主義政治家の側面はほとんど顧みられず、当地の斎藤隆夫顕彰組織ももっぱら自民党系のものであり、私も含めて民主運動の（側の斎藤隆夫顕彰の）取り組みは微弱なままでした。本庄氏の指摘する（治安維持法）「死刑法化反対の170議員」の中に斎藤隆夫もいたのです。斎藤隆夫はその後も大政翼賛会の流れに組みせず、戦後の公職追放を免れいち早く「立憲保守党」創立の一員になっています。本庄氏の問題提起は戦前戦後の民主主義運動の分水嶺をどこに求めるのかの再検討に続くのではないかと思います」

本書では山宣と科学（生物学）、政治のかかわりについて、山宣の著書の引用もしながら、できるだけ具体的に述べてきた。科学的社会主義にきわめて接近していた山宣の生き方と思想を調べてみると、激動する社会情勢に正面から向き合う中でこそ学問（科学）が鋭い光を放つことが実感として理解できる。研究者の立ち位置もまた、山宣の姿勢から教えられるのである。

3　戦後の社会運動家たちと戦争孤児

大学などに在籍する研究者とは別に、小学校・中学校・高等学校など学校現場で日々仕事をしながら歴史を研究する人たちもいる。筆者もその一人である。とりわけ私の職場である中学校では教科（社会科・歴史など）指導とともに、生徒指導、保護者対応、部活動指導などが重なり、「ブラック職場」というイメージが定着し、近年教員志望の大学生が急減している。

仕事に忙殺されながらも、大学で専攻した社会運動史研究を在野でやりたいと筆者は決意していた。社会運動史研究のパイオニアであった塩田庄兵衛氏の言葉「研究と運動は一体のものだ。社会運動史研究をやるものは、同時に社会運動家でもなければならない」を真に受け、労働運動の世界にも飛び込み、それがきっかけで宇治出身の労農党代議士、性科学者でもあった山本宣治(愛称「山宣」、1889~1929年)を調べるようになった。

山宣については、佐々木敏二氏というすぐれた先行研究者がおり、佐々木氏の著書『山本宣治』上下(1974年、汐文社)は金字塔と呼ばれるほど高い評価を得ていた。読めば読むほど、この研究を越えることは不可能ではないかと感じるようになった。それでも、山宣を中学校の歴史の授業で取り上げ、実践を研究会で発表したり、中学校歴史教科書に掲載させたりする取り組みなどをコツコツと行ってきた。私の授業実践書『新ぼくらの太平洋戦争』(2002年、かもがわ出版)はこうしたなかで刊行された。

2005年ごろ、山宣暗殺にかかわる新聞スクラップ帳(1929年製作)が京都府南部で発見され、これを契機に佐々木氏が構築した山宣像とは別ものが見えてきた。発見したのは郷土史家の古川章氏である。その詳細は本稿の主題とするところではないので以下の3点を指摘しておくだけにする。

第一は山宣を支えた人々を掘り起こしていくなかで、当時なぜ彼が当選できたのかという問題に迫れるのではないかという点である。第二は、山宣を暗殺した黒田保久二の人生をたどることで、暗殺の黒幕だった特高警察の戦前戦後の姿に迫れるのではないかという点である。第三はジェンダー研究の視点から山宣の生物学・性科学研究に光を当てるという点である。

山宣暗殺後、特高警察の野蛮さ、狡猾さは加速され、社会運動家たちに襲いかかってきた。あるものは獄中に追いやられ、あるものは職を奪われ路頭に迷うことになった。心ならずも「転向」していくものもいた。

敗戦後の一連の民主化は社会運動家たちの心に再び灯をともした。労働運動や反戦運動など第一線に立つものもいた一方、戦争で生み出された膨大な孤児たちの救援を行う人々もいた。その一人が住谷悦治（同志社総長、1859～1978年）である。住谷悦治のことを調べるなかで、京都市にあった戦争孤児施設・積慶園を知り、のちに「空き缶コップを持つ少年」の名で知られることになる1枚の写真を発掘する。

空き缶コップを持つ少年

戦後史の授業のなかで、この写真を掲示したところ、「戦争は終わっても、飢えと戦い続けた子どもたちがいた」という感想を寄せた生徒がいた。民主化と日本国憲法、経済復興という戦後史とは別のアウトサイダーな部分が見えた瞬間だった。この生徒の感想は「現代の戦争でも次々に戦争孤児が生み出されている」という認識につながった。自分たちと同世代であった子どもたちを教材にしたことにより、生徒たちは当事者性をもって戦争を受け止めることができるようになったのである。祖父母も戦後生まれが多くなるなかで、戦争体験の風化に直面していた私たち歴史教育者にとって、戦争孤児の発掘は大きな出来事だった。

「空き缶コップを持つ少年」の写真はマスコミにも注目され、マスコミへの登場が引き金となって元戦争孤児の方がたの証言、写真などの資料が私の元に集まるようになった。とりわけ京都府立の戦争孤児一時保護施設「伏見寮」にかかわる資料と証言は貴重だった。それらを整理し現在まで5冊ほどの書籍にしてきたが、このたび浅井春夫さん、川満彰さん、平井美津子さん、水野喜代志さんと筆者を編集委員として、『戦争孤児たちの戦後史』（全3巻、吉川弘文館）をまとめることができた。とりわけ平井美津子さんは、「空き缶コップを持つ少年」発掘依頼の同志であり、第2巻の編集者として力を合わせることができた。

戦争孤児関係者への取材の困難さも指摘しておきたい。この困難さが研究を遅らせてきた側面がある。また、孤児院での虐待体験を語る元孤児の方々の証言とともに、物資の乏しい時期に粉骨砕身し孤児救援を行った職員の方々の記録を残すこともまた大切だと考える。そうすることで、孤児救援を行った社会運動家たちも含めた、立体的な戦後史が描けるのではないか。

戦前戦後を通じて、社会運動家たちはいわば「エリート層」出身だった。挫折した社会運動家たちが戦争孤児たちと出会うことで、日本の社会運動はエリートの運動から社会的すそ野を広げる運動へと発展する可能性があった。社会運動史研究から始まった戦争孤児研究だったが、今度は戦争孤児研究を社会運動史、とりわけ戦後社会運動史研究に生かしてみたいと考えている。こうした重層的な研究により、新たな山本宣治像も見えてくるに違いない。

4　花やしきに泊まった本多公栄

暴力非行問題に明け暮れる公立中学校の現場にいて、社会科教育への渇望は大きかった。あこがれと敬意、そして目標となった歴教協（歴史教育者協議会）の先輩が3人いた。加藤文三氏、本多公栄氏（故人）、安井俊夫氏の3人である。いずれも公立中学校の社会科教員だった。

「いつかはあんな授業がしたい」

彼らの著作を手にしながら、若輩の筆者はいつもそう思っていた。いま考えれば、煌めくような実践家たちの肉声を直接聞けたのは、幸せなことだった

本多公栄氏は当時歴教協の事務局長でもあり、中学校社会科課程の研究者でもあった。実践と運動、研究を統一的に進められている点で、文字通り歴教協を体現している人だった。歴教協は授業づくりをするだけではなく、歴史認識形成にかかわる運動体であり、また歴史学や歴史教育学の研究組織でもあることを、本多氏たちを見ながら学んできた。

本多氏の著作『ぼくらの太平洋戦争』（大月書店）が世に出たのは、1972年。同じ年に加藤文三氏が『石間をわるしぶき〜国民的歴史学と歴史教育』（地歴社）を刊行し、この2冊が若い筆者の座右の書となった。

本多氏はこの本のなかで「本書の真の著者は、生徒自身であり、その親たちであり、そうした実践を生み出した教師集団である。わたしはそんなつもりで本書をまとめてみた」と書いている。さまざまな教科の教員が保護者の力もかりながら学校づくりをしていく姿からは、職場における仲間づ

くりの大切さを学んだ。また、当時未確定だったアジア・太平洋戦争の死者総数を、生徒たちが戦争にかかわった各国の大使館を訪問し調べていくダイナミックな実践を読みながら、体が震えるような感動を味わった。のちに安井俊夫氏が提唱することになる「生徒が動く社会科」の先駆け的意味をもつ実践ともなった。現在でも『ぼくらの太平洋戦争』で調査された戦死者数が、歴史資料集などでも使われている。この本が1982年に再刊されたことにも、反響の大きさがわかるだろう。

『ぼくらの太平洋戦争』に紹介された実践で、アジア各国の歴史教科書の紹介も強く心に残っている。日本の植民地となった国々がアジア太平洋戦争をどう見ていたのかを生徒たちに実感をもって認識させるすぐれた教材のつくり方がまとめられていた。アジア太平洋戦争が被害の戦争だけではなく、本質的には日本による加害の戦争であったことを史料で示す本多氏の実践から、歴史研究と歴史教育とをつなぐことの大切さを教えられた。

歴教協事務局長を退任された本多氏は宮城教育大学に職を得、中学校社会科教育の集大成的な著作『社会科教育の理論と実践』(1984年、岩崎書店)をまとめた。また、同じ時期に『本多公栄著作集』全9巻(1984年、ルック)が出版される。

『社会科教育の理論と実践』の「あとがき」で、本多氏は中学校π型問題(地歴並行履修の行政による強制問題)について、当時社会科の仲間たちと学校現場で闘っていた筆者に対して、資料送付の謝意を書いてくれた。これが筆者の名前が書籍に載った最初だった。

本多氏は亡くなる直前、ご夫婦で京都府宇治市の旅館「花やしき」に来泊した。「花やしき」は、治安維持法に反対し暗殺された山本宣治代議士の実家である。京都歴教協のメンバーで歓迎会を持ったが、肝臓を患っていた本多氏は終始横になっていたのを覚えている。本多氏には、兵庫歴教協の市川真一氏（故人）とともに、執筆者として中学校歴史教科書に山本宣治のことを掲載することに尽力していただいた。そんな縁もあり、宇治に来ていただいたのだ。

「15年戦争の出発点として、山本宣治暗殺を学ぶことは大きな意味がありますよ。山本宣治も運動と実践と研究を統一的にやっていた人ですから」

本多氏の言葉が今でも耳に残っている。

人生の時々における比重の差はあれ、運動・実践・研究をどう統一していくかは、私の歴史教育者人生にとって重要な課題として今も本多から提起されているような気がする。その提起は山宣研究の深化とともに重い課題となった。

2002年、私は初めての歴史教育実践集を刊行し、その本のタイトルを『新ぼくらの太平洋戦争』（かもがわ出版）としたのは、本多の著作や人柄、生きる姿勢から大きな影響を受けたからである。そのなかには、山本宣治の授業実践も入っている。

5　信田さよ子『家族と国家は共謀する』を読む

家族という社会制度は生まれた時からそこにある、いわば当たり前のものであり、多くの現代人は考察の対象とはしない。本書で紹介した山本宣治や山極寿一氏（霊長類学者）は、残念ながら例外的存在にすぎない。その山宣は100年以上前、戦前の家父長的家族制度についてこう述べていた。

現在日本に於ける多数の結婚生活は、私の見るところでは、私有財産の一変形であり、夫という占有者が、妻と名づくる家畜を養い、之を性的快感を得る為の機械として用ひ、又同時に之を屠らずに食物とする場所である（非科学的庖厨生活の内に妻の血肉をそぐ事は、取りも直さず彼女を食う事になる）。

妻を機械から昇格させて奴隷だとすれば、結婚生活は夫と称する主人が、妻と称する奴隷を飼ひ、此奴隷をして昼は家事を処理せしめ、夜は寝室の世話をさせる事であり、疑ふべくも無い一の奴隷制である。（山本宣治『恋愛革命』1924年、アルス出版）

家族の問題を提起し続けてきた、臨床心理士の信田さよ子氏は『家族と国家は共謀する』（角川新書、2021年）のなかで、家族は政治（国家）的なものであり、日本において、家庭内DV（ドメスティックバイオレンス）という概念が加害・被害という司法的モデルで語られるようになったのは、1995年以降だと述べている。それはベトナム戦争（1975年4月末、アメリカの敗戦で終わる）後から始まったという。

彼ら（ベトナム戦争からの帰還兵のこと、筆者）は心身の障害を訴え、家族内の暴力や薬物・アルコール問題も激増した。帰還兵たちの治療が国の責任であることを明確にするため、PTSD（心的外傷後ストレス障害）という診断名が1980年のDSMⅢ（精神障害の診断と統計の手引き書第3版）に登場したことはよく知られている。

この裏側に、もう一つの動きがあったことを指摘しておかねばならない。親密圏＝家族において、長期にわたり反復される暴力を受ける女性たちを救済するために、複雑性ＰＴＳＤという診断名を加えようというフェミニストの女性精神科医たちを中心とした運動が起きた。国家の暴力＝戦争の被害者救済と対極にある、親密圏＝家族における暴力被害の救済が、アメリカ精神医学会のＰＴＳＤという診断名をめぐって同時に試みられたことは、興味深い。（信田さよ子『家族と国家は共謀する　サバイバルからレジンタンスへ』２０２１年、角川新書）

家族という、いわば私的空間における暴力が、戦争という国家的暴力に対抗するなかで生まれたＰＴＳＤという概念によって説明し得るとすれば、家族もまた歴史的社会的存在であり、山宣のように国家によって認められた私有財産という装置だと説明することもできるだろう。信田氏は同書「あとがき」で、次のように記している。

普遍知や全体知など存在しないと言われるようになって久しいが、それでも私はそれを求め続けることをやめられない。有限な生を送るしかなく、それが残りわずかだとしても、知らないままに支配されて安穏と生きることだけはしたくない。これを、コロナ禍の現在に置き換えれば、多くの人に共感していただけるのではないか。情報が操作され、遮断されることで無知な状態に置かれ、結果的にただの風邪と捉えて安穏と生きることなど、誰も望まないだろう。極めて個人的と見えるできごとの背後に、国家や政治の意図を読み解く必要があるということ。今ほど、それが実感を伴う時はないとさえ思う。

また、信田氏はインタビュー（「しんぶん赤旗」日曜版、2021年6月6日）に答え、自らの著作にはマルクス主義の影響があると述べている。信田氏の言葉は、山宣の学問研究と科学的社会主義（マルクス主義）について考える際のヒントになると思われる。

一貫して、心の問題を個人の自己責任にせず、現実の人間関係や社会構造の中に位置づけて読み解いてきました。「団塊世代だからマルクスの影響があります。マルクスは、下部構造（経済体制）によって上部構造（政治や文化）が規定されると言いました。自分は何に影響を受け、支配されているのか。それを知らないまま安穏と生きたくないのです」

だから信田氏は「自己肯定感」のように、すべてをそこから説明しようとする言葉を忌避する。再度、信田さよ子『家族と国家は共謀する』から引用しよう。

自己肯定感は、もともと臨床心理学者高垣忠一郎によって、子どもの成長に対する肯定的評価を重要視する言葉として1985年に提唱されたものである。それが、いつのまにか「自分で自分を愛せないなんて」「自分を好きになろうよ」「自分で自分を愛せなければ人を愛することはできません」といった文脈で、自己肯定感を「もつ」とか「高める」といったコントロール可能な尺度へと変わっていったのである。

戦争トラウマやPTSDを治療の根幹におく信田氏は、「今の自分でいいんだよ」（まるで「いいんだよ」教？）というような「自己肯定感」をカウンセリングで用いることはしないという。それは、新自由主義的な「自己責任論」へとつながるのではないかと直感的に感じているからだろう。信田氏は同書で「あらゆる失敗、あらゆる挫折、友人関係の衝突の理由・背景を考える際の回路が、まるでブーメランのように最後は自分に跳ね返るように仕組まれているのが新自由主義の根幹だとすれば、その象徴としての言葉が、自己肯定感なのである」と書いている。

筆者にとって臨床心理学や精神分析学は遠かったが、戦争トラウマやPTSDが歴史学の分野でも使用されるようになると、しだいに身近な存在になった。その先駆は、精神科医である野田正彰氏の書いた『戦争と罪責』（1998年、岩波書店）であろう。

2021年6月19日にオンラインで開催された、「日本における第二次世界大戦の長期的影響に関する学際シンポジウム」（全国精神保健福祉連絡協議会主催）において、筆者は「戦争孤児たちが一番苦しんだのは『親戚』」というタイトルで報告した。筆者の問題関心は「国家と家族」であり、敗戦による国家の機能停止が戦前の家族制度を短期実に崩壊されたという歴史的事象だった。報告の抄録を紹介しておこう。

戦争孤児たちが一番苦しんだのは『親戚』（本庄豊）

取材した戦争孤児の方がたが異口同音に語ったのは「親戚にいるときが一番辛かった」。敗戦後の日本には、戦災孤児、原爆孤児、引き揚げ孤児、沖縄の戦場孤児、米軍と日本の女性との混血（国際）孤児、戦後の食糧難で親から養育を放棄された孤児などがいた。孤児たちは、最初親戚の家に預けられることが多かった。戦前は、父が戦場で戦死した場合などは、孤児は「靖国の遺児」とされ、親戚や地域が手厚く保護するのが国家（天皇）への忠誠であり、国民（臣民）の義務とされたからである。戦後、国家のタガがはずれ、食糧難も重なり、食欲旺盛な孤児たちは邪魔ものとされた。

一番親しかったはずの親戚に邪険にされたことで、孤児たちは深く傷ついた。子守や家事などをやりつつ、親戚に残るのは主に女子、男子は家を飛び出し、駅や周辺の闇市で生活するようになった。孤児たちは駅で情報を交換、列車の無賃乗車で日本全国を征き来した。駅では性的虐待を受ける孤児もいた。孤児たちは「駅の子」とも呼ばれた。

1948年、米軍の意向もあり、放置されていた戦争孤児たちの取り締まりが強くなった。民間にまかせるだけではなく、行政も戦争孤児施設を設置していった。孤児たちは偽名を使い、親戚に戻されるのを防ごうとした。幼い頃に孤児になり、名前がわからない孤児には、孤児院の指導員が名前をつけた。

孤児たちの中には言葉が話せなかったり、過酷な孤児体験で精神を病む者もした。そのため行政は障がい者用の戦争孤児施設を設置していく。こうした施設では、旧優生保護法による「強制不妊手術」が行われることもあった。

今回の報告では、京都を中心とする戦争孤児たちの戦後史について、取材に沿って具体的に語りたい。

6　10年前に書いた本のなかで、筆者は水谷長三郎（京都1区で当選した労農党代議士）に低い評価しか与えていない。今回、水谷のことを当時の新聞で調べなおすなかで、人間的な意味での水谷像を知ることができた。粘り強く筆者に警鐘を鳴らしていただいた研究者の方に感謝したい。なお、水谷の墓は京都市の金戒光明寺（左京区）にある。すぐ近くには、獄中で亡くなった戦前の日本共産党活動家・国領五一郎の墓があり、墓前祭が営まれている。

あとがき〜最後まで生物学者であろうとした山宣

筆者が近代日本社会運動史研究を始めてから40年以上が経過した。そのうち約30年間を山本宣治研究に費やしたことになる。山宣没90年のとき山宣に関する5冊目の著書『優生思想との決別〜山本宣治と歴史に学ぶ』(２０１９年、群青社)を刊行し、記念講演の折には「これが山宣についての最後の著作になる。10年後の山宣没１００年のときは、新しい世代にぜひ研究を引き継ぎたい」と話した。

しかし筆者の思惑は外れ、安倍・菅自公政権による戦後最悪といわれる悪政のなか、市民と野党との共闘の拡大がかつてなく進んだことや、新型コロナパンデミック下に科学と政治のあり方が鋭く問われるようになったことなどが重なり、山宣研究に新しい風が吹くようになった。コロナ禍のなか講演は激減したが、雑誌や新聞などからの原稿依頼は逆に増えた。

６冊目の山宣に関する著書となる本書は、ここ１年余りに雑誌や新聞に書いた論文をベースとして、それらを修正・加筆したものである。筆者に執筆の場を提供していただいたメディアの方がたに感謝したい。メディアの読者の皆さんからは貴重なご意見をいただいた。すべてのご意見に回答することはできなかったが、本書をもって回答に変えさせていただきたいと考えている。

ここで個人的な体験を書いておきたい。少年期から青年期にかけて筆者は理科系、とりわけ生物学に大きな関心を持ち、スポーツに親しみながらも、群馬県立前橋高等学校では生物部に所属し、毎月１回の赤城山登山と赤城山のカルデラ湖・大沼の水生プランクトン採取、発光細菌の純粋培養などにのめりこんでいた。また歴史学の分野では、日本の旧石器時代を発見した相沢忠洋氏が自転車で行ける距離にいたことで、考古学に興味を抱くようになった。旧石器時代は生物学、とりわけ進化論との関係が深いことに気づいたのも、この頃である。

生物進化論と旧石器時代への関心から、大学入学後はマルクス、エンゲルスの原始時代に関する著作を読むようになった。卒業論文では日本帝国陸軍資料を第一次史料として『十九世紀末のロシアの工業化』を書いたが、所属した学生社会科学研究会ではモルガンとエンゲルスの古代社会について研究し、それを論文にまとめた。こうして生物学と歴史学という二つの学問が自分のなかに共存するようになっていった。高校1年生で住井すゑ『橋のない川』を読み、社会運動史研究を志したが、常に自分の根っこにあったのは生物学と歴史学だった。

就職のため京都にやって来たこと、労働組合専従活動家として宇治市で開催される山宣墓前祭に毎年出席するようになったことがきっかけで、山宣に「遭遇」したのはまこと幸運だった。

なお本書中の文章の初出一覧は以下の通り。なお、「第2章　9　新しい時代、山宣の生き方と理論に学び実践する」「第3章　5　信田さよ子『家族と国家は共謀する』を読む」「あとがき～最後まで生物学者であろうとした山宣」は新たに書き下ろした。

【初出一覧】

まえがき～なぜ山本宣治が注目されるのか　「しんぶん赤旗日曜版」2021年2月21日

第1章　生物学者山本宣治と科学的社会主義　『前衛』2021年7月～8月号

第2章　野党と市民が共同する時代の到来と山本宣治　1〜6　『前衛』2020年4月号
野党と市民が共同する時代の到来と山本宣治　7〜8　『治安維持法と現代』2020年秋季号

第3章　社会運動史研究と社会運動の実践
1　山宣のDNA〜立憲民主党国対委員会が第92回山宣墓前祭に寄せたメッセージ　「京都民報」2021年3月14日
2　山宣の「孤高イメージ」の形成と研究者の立ち位置　「しんぶん赤旗」2020年6月2日
3　戦後の社会運動家たちと戦争孤児　吉川弘文館『本郷』2020年11月号
4　花やしきに泊まった本多公栄　『歴史地理教育』923号、2021年4月号

筆者が本書のなかで強調したかったのは、第一に「山宣の孤高イメージの見直し」である。山宣の演説会は数百人を集めるほど盛会だったし、彼の大衆的な人柄は多くの人に愛されていた。治安維持法の改悪には、170人もの代議士が反対票を投じた。もちろん、当時の国際共産主義運動における社会ファシズム論の影響もあり、社会民主主義者を敵とみなす風潮もあった。山宣個人はそのなかで揺れていたと思われるが、山宣には科学と社会主義へのゆるぎない確信があったはずだ。

第二は「科学と政治のあり方」の検証である。コロナ禍のなかで、政治家たちの恣意的な判断ではなく、科学的知見こそが最重要性であることが認識されるようになった。山宣が最後まで生物学者

〈科学者〉であろうとした姿を追うことで、「科学と政治のあり方」についての山宣を例にした実践的な提言となったのではないか。

原発の「安全神話」がそうであるように、科学は為政者によって都合よく利用されてきた側面もある。「新型コロナウイルス感染症を克服した証しとして五輪を開催したい」と述べた元首相もいた。このように平気で科学的知見を無視する風潮もある。この人が「原発事故は完全にコントロールされている」とオリンピック誘致のときにスピーチしていたことを苦々しく思い出す。だが、それらを乗り越えるのも、やはり科学の力なのではないだろうか。「現代の科学では核のゴミ制御を含め、原発はコントロールできない」と告白することもまた、科学的知見なのだから。

オリンピック・パラリンピックが、強行され、新型コロナウィルスは「災害級」に拡大したが、それを克服できるのも科学の力、政治の力ではないだろうか。

私の研究をいつもあたたかく見守っていただいた、小田切明徳さん（元同志社山宣会事務局長）、藤田廣登さん（伊藤千代子研究者）、川原一行さん（国民救援会京都府連会長）、茶谷十六さん（民族芸術研究所）、平井美津子さん（日本軍慰安婦問題研究者）、古川章さん（郷土史家）、東京山宣会、宇治山宣会、長野山宣会、大阪山宣会、治安維持法犠牲者国家賠償要求同盟（京都）、国民救援会（京都）、中西伊之助研究会の皆さんにもお礼を言いたい。

本書を、山宣を愛するすべての人びとにささげる。

2021年9月1日　自宅書斎にて

【参考文献】※入手しやすいもの

田村敬男編著『追憶の山本宣治』（1964年、昭和堂）
松尾洋『治安維持法～弾圧と抵抗の歴史』（1971年、新日本新書）
佐々木敏二等編『山本宣治写真集』（1979年、汐文社）
佐々木敏二・小田切明徳編『山本宣治全集』全7巻（1979年、汐文社）
佐々木敏二『山本宣治』上・下（1998年、不二出版）
小田切明徳『性はおおらかに―山宣の性教育に学ぶ』（1989年、かもがわ出版）
加藤秀一『〈恋愛結婚〉は何をもたらしたか～性道徳と優生思想の百年』（2004年、ちくま新書）
宇治山宣会『民衆とともに歩んだ山本宣治』（2009年、かもがわ出版）
東京山宣会編『我らの山宣と東京―反戦平和を貫いた生涯』（2016年）
内田博文『戦争と刑法　戦時治安法制のつくり方』（2015年、みすず書房）
荻野富士夫『よみがえる戦時体制～治安維持体制の歴史と現在』（2018年、集英社新書）
市田忠義「山宣の生きた時代と現代」（『前衛』2019年8月号所収）
安住淳・原口一博・穀田恵二「鼎談・通常国会　野党のたたかい」（『前衛』2020年9月号所収）
信田さよ子『家族と国家は共謀する』（2021年、角川新書）

……………………………………

本庄豊『山本宣治～人が輝くとき』（2009年、学習の友社）
同『テロルの時代～山宣暗殺者黒田保久二とその黒幕』（2009年、群青社）

同『煌めきの章〜多喜二くんへ、山宣さんへ』（2012年、かもがわ出版）
同『魯迅の愛した内山書店〜上海雁ヶ音茶館物語』（2014年、かもがわ出版）
同『優生思想との決別〜山本宣治と歴史に学ぶ』（2019年、群青社）
同「野党共闘時代の到来と山本宣治」（『前衛』2020年4月号所収）
同「生物学者・山本宣治と科学的社会主義」（『前衛』2021年7月〜8月号所収）

【著者紹介】

本庄 豊（ほんじょう ゆたか）

1954年10月、群馬県安中市松井田町に生まれる。群馬県立前橋高等学校を経て、東京都立大学経済学部卒。国家公務員・地方公務員勤務後、京都府南部の公立中学校教員となり社会科を教える。この間、労農党代議士で生物学者でもあった山本宣治を中心とする、近代日本社会運動史や近代日本移民史を研究。立命館宇治中学校・高等学校を定年退職後、現在は立命館大学と京都橘大学で非常勤講師、戦争孤児たちの戦後史研究会代表委員、京都総評宇治城陽久御山地区労働組合協議会役員。2021年8月にひとり親方DANBE工務店を起業。

山宣関係以外の著書に、『戦争孤児』（新日本出版）、『「明治150年」に学んではいけないこと』（日本機関紙出版センター）、『魯迅の愛した内山書店』（かもがわ出版）、『いじめる子』（文理閣）、『ポランの広場～瓦解した「宮澤賢治の理想郷」』（かもがわ出版）、『新ぼくらの太平洋戦争』（同）、長編推理小説『パウリスタの風』（群青社・紫式部市民文化賞受賞）、編著に『近代日本移民の歴史』全四巻（汐文社）、『戦争孤児たち戦後史』第二巻（吉川弘文館）など。

山本宣治（やません）に学ぶ　「科学・共同・ジェンダー」

市民と野党の共同の原点がここにある

2021年10月15日　初版第1刷発行

著者　本庄　豊
発行者　坂手崇保
発行所　日本機関紙出版センター
〒553-0006　大阪市福島区吉野3-2-35
TEL 06-6465-1254　FAX 06-6465-1255
http://kikanshi-book.com/　hon@nike.eonet.ne.jp
本文組版　Third
編集　丸尾忠義
印刷・製本　シナノパブリッシングプレス
ISBN 978-4-88900-262-1